I0060479

POLICES FLOTTANTES

D'ASSURANCE DES MARCHANDISES

EMBARQUÉES SUR LES

PAQUEBOTS DES MESSAGERIES IMPÉRIALES.

MARSEILLE,

TYPOGRAPHIE ET LITHOGRAPHIE Vᵉ MARIUS OLIVE,

rue Paradis, 68.

—

JANVIER 1862.

SERVICES MARITIMES DES MESSAGERIES IMPÉRIALES

EXPLOITATION.

POLICES FLOTTANTES D'ASSURANCE

DES MARCHANDISES.

POLICES FLOTTANTES

D'ASSURANCE DES MARCHANDISES

EMBARQUÉES SUR LES

PAQUEBOTS DES MESSAGERIES IMPÉRIALES.

ANNEXES N° XXXVII DU RÈGLEMENT DU SERVICE A BORD ET N°ˢ XI, XII ET XIV
DU RÈGLEMENT DU SERVICE DES AGENCES, SOUS-AGENCES ET BUREAUX DE CORRESPONDANCE.

.MARSEILLE,

TYPOGRAPHIE ET LITHOGRAPHIE Vᵉ MARIUS OLIVE,
rue Paradis, 68.
—
JANVIER 1862.

Police flottante d'Assurance sur Marchandises

pour les lignes de la Méditerranée, autres que celles d'Algérie ou de Tunis, et pour les lignes de la Mer Noire. (1)

(ANNEXE N° XI DU RÈGLEMENT DES AGENCES, SOUS-AGENCES ET BUREAUX DE CORRESPONDANCE).

Par la présente Police d'Assurance faite par l'entremise de Mᵉ Maxime ESTRANGIN, courtier, il est convenu entre les Administrateurs de la Compagnie des Services Maritimes des Messageries Nationales, représentés à Marseille par le Directeur des mêmes Services, et les Assureurs soussignés, de ce qui suit :

ARTICLE PREMIER. — Chacun des Assureurs soussignés autorise la Compagnie des Services Maritimes des Messageries Nationales à assurer pour son compte, chacun à prorata de la somme qu'il indique dans sa signature et sans solidarité entr'eux, les marchandises, espèces ou valeurs quelconques que les chargeurs voudront faire assurer sur les bateaux à vapeur de la dite Compagnie des Services Maritimes des Messageries Nationales.

ART. 2. — La Compagnie des Messageries ou pour elle ses Agents, engagera les Assureurs soussignés à l'égard des Chargeurs par l'acceptation de la déclaration qui sera faite par ceux-ci sur les connaissements, lettres de voiture ou toute autre pièce constatant le chargement. D'après la déclaration des Chargeurs, la somme pour laquelle la marchandise est assurée, sera portée sur le connaissement ou lettre de voiture, et la valeur énoncée sera la somme pour laquelle la marchandise est assurée, valeur acceptée par les Assureurs et convenue de gré à gré entre les parties.

ART. 3. — Les Assureurs acceptent tous les risques sur les bateaux de la Compagnie des Messageries sur les quatre lignes : de Marseille à Constantinople dite ligne du Levant ; de Marseille à Beyrouth dite ligne d'Egypte et de Syrie ; de Syra au Pirée dite ligne de Grèce (ainsi que des extensions ultérieures qui pourront lui être données), et de Marseille à Malte dite ligne d'Italie, pour tous les voyages, tant d'aller que de retour, et sur la ligne d'Alexandrie à Constantinople quand elle sera établie, et sur tous les bateaux de la Compagnie ou autres qui n'appartenant pas à la Compagnie seraient affectés à son service.

· Les Assureurs demeurent également responsables des risques courus en vertu de la pré-

---

(1) Une police identique dans ses dispositions a été rédigée le 20 mars 1852, à Paris, à la requête de l'Administration centrale de la Compagnie, par les soins de Mᵉ Panel, courtier. (N. du Règl.)

sente police, quand bien même l'itinéraire actuel des lignes desservies serait modifié, ou bien encore dans le cas où les paquebots accompliraient des voyages supplémentaires en dehors de ceux auxquels la Compagnie est obligée, en conformité de ses contrats avec le Gouvernement.

Les conditions resteraient, dans ces cas, les mêmes pour les stations actuellement desservies, et de nouveaux accords régleraient, soit antérieurement, soit postérieurement au voyage accompli, les primes dues aux Assureurs pour les ports non désignes dans les tableaux ci-après.

Art. 4. — Les Assureurs autorisent toutes relâches, tout déroutement, même rétrograde, et tout transbordement occasionnés par les besoins ordinaires ou extraordinaires des Services de l'Entreprise des Messageries.

Art. 5. — Sur les Etats dressés pour chaque voyage par la Compagnie ou ses Agents, pour constater les marchandises transportées et les frets recouvrés, il sera établi deux colonnes mentionnant : l'une, les sommes assurées, l'autre, les primes y relatives.

Art. 6. — Ces Etats reçus par la Direction à Marseille, seront communiqués mois par mois aux mandataires des Assureurs; le compte des primes réglé entre ces Mandataires et la Direction, leur sera payé sur leur quittance. La Compagnie se charge du recouvrement partiel des primes ; elle en est responsable aux Assureurs.

Art. 7. — Les assurances engagées par la Compagnie pour compte des Assureurs soussignés le seront aux clauses générales ci-après :

Conditions générales.

Art. 8. — § 1er. Les Assureurs prennent à leurs risques toutes pertes et dommages provenant de tempête, naufrage, échouement, abordage fortuit, changement forcé de route, de voyage ou de vaisseau, jet, feu, pillage, piraterie et généralement de tous accidents et fortunes de mer ; enfin, et par convention expresse, les prévarications et fautes du Capitaine et de l'équipage connues sous le nom de baraterie de patron.

§ 2. Les Assureurs sont exempts de tous risques de guerre, hostilités, représailles, arrêts par ordre de puissance, interdiction de commerce, blocus, capture, confiscations et molestations quelconques de Gouvernements, amis ou ennemis, reconnus ou non reconnus, et généralement de tous risques de guerre.

Ils sont également exempts de tous événements quelconques résultant de la violation de blocus, de contrebande ou de commerce prohibé ou clandestin, de la part de qui que ce soit, du vice propre de la chose assurée et de tous frais d'hivernage, de quarantaine et jours de planche : ces exemptions subsisteront, lors même que les pertes et dommages proviendraient de baraterie.

§ 3. Les risques sur marchandises ou espèces courent du moment de leur embarquement et finissent au moment de leur mise à terre, au lieu de la destination. Les risques d'allèges et de gabare tant à l'embarquement qu'au débarquement sont à la charge des assureurs. Il est permis au Capitaine d'alléger, transborder et recharger dans les fleuves et rivières, de même que pour l'entrée et la sortie des lazarets.

§ 4. Hors le cas de survenance de guerre pendant le voyage assuré, les délais établis par l'article 375 du Code de Commerce, pour le délaissement à défaut de nouvelles, sont réduits à six mois.

§ 5. Les Assureurs rembourseront intégralement les avaries grosses ou communes.

§ 6. Les Assureurs ne sont pas garants du coulage et de tous frais quelconques faits pour le prévenir ou le réparer sur les liquides, graisses, mélasses et suifs, non plus que de la mort des animaux, quelle qu'en soit la cause, et de la rupture des objets fragiles.

§ 7. En cas d'avaries particulières sur toute marchandise, les Assureurs ne paient que l'excédant de deux pour cent.

Cette franchise ne se prélève que sur les avaries matérielles et frais accessoires. Les avaries particulières qui ne se composent que de frais étrangers aux dommages matériels, ou qui proviennent d'une contribution proportionnelle sont réglées séparément et remboursées sous la retenue d'un pour cent de la somme assurée, et cela indépendamment des avaries particulières matérielles.

§ 8. Lorsque, dans les cas qui donnent lieu au délaissement, l'assuré profitant des dispositions de l'article 409 du Code de Commerce, exercera l'action d'avarie, et dans les cas aussi de l'article 393 du même Code, les Assureurs jouiront de la franchise ou retenue partielle stipulée dans l'article ci-dessus.

§ 9. Si les marchandises sont assurées par séries, les séries ne seront jamais réglées autrement que par ordre de numéros ou de lettres, et il ne sera admis aucune série d'une valeur moindre de mille francs ; toute fraction de série sera jointe à la série précédente, et en augmentera la valeur. Néanmoins toute assurance est faite divisément pour chaque espèce et qualité de marchandise et pour chaque pour compte dûment justifié. Chaque espèce de marchandises, chaque pour compte et chaque série formant toujours un capital distinct et séparé, comme s'il y avait autant de polices que de séries.

La quotité des avaries particulières sur marchandises est déterminée par la comparaison de la valeur au brut qu'aurait eue la marchandise en état sain au jour de l'estimation ou de la vente, avec la valeur au brut de la partie avariée estimée par experts ou constatée par la vente aux enchères publiques sans aucune déduction de droits, fret ou autres frais.

En cas d'avaries particulières sur grains, graines, légumes, farines, laines, denrées coloniales, drogueries, teintures, épiceries, cuirs ou peaux en destination pour Marseille, la partie avariée sera vendue aux enchères publiques pour en déterminer la valeur. L'existence et les causes de l'avarie sont constatées par une expertise préalable. La dite expertise la vente et la fixation du prix en état sain de la marchandise avariée, ne seront obligatoires, pour les Assureurs, que lorsqu'elles auront été faites par des experts ou courtiers contradictoirement nommés.

L'Assuré supportera le prorata à tous frais de constatation et d'expertise sur les séries dont l'avarie n'excédera pas la franchise.

§ 10. Les sommes souscrites par chaque assureur sont la limite de ses engagements, il ne peut jamais être tenu de payer au-delà de la somme assurée.

§ 11. Il est convenu que le Capitaine pourra être reçu ou non reçu, ou remplacé par tout autre, et que la manière dont son nom est orthographié ne préjudicie pas à l'Assurance.

§ 12. Les Assureurs et les Assurés, chacun en ce qui les concerne, s'engagent à se conformer aux lois et règlements maritimes en vigueur, en ce qui n'y est pas dérogé par la présente police.

§ 13. La présente police est faite et consentie pour être exécutée franchement et de bonne foi, les parties renonçant réciproquement à la présomption légale de la lieue et demie par heure.

Les Assurés déclarent faire tout assurer, la prime, la prime des primes et l'escompte.

Art. 9. — Le règlement des avaries particulières sera fait divisément sur chaque colis dont la valeur sera de mille francs au moins, et sur les colis d'une moindre valeur par série de mille francs au moins, en se conformant au paragraphe 9 de l'article 8 ci-dessus, sauf les colis isolés qui formeront nécessairement un seul capital quelque minime que soit leur valeur.

Art. 10. — La Compagnie fera payer aux chargeurs pour en tenir compte aux Assureurs, les primes aux taux ci-après établis, savoir :

Pour aller des uns aux autres des ports ci-après désignés et vice-versâ, pendant les six mois d'été, du premier avril au trente septembre,

de Marseille à Gênes et Livourne, seize centimes pour cent, — de Marseille à Civita-Vecchia, Naples, Messine, Malte, vingt centimes pour cent, — de Marseille au Pirée, à Syra, Smyrne, Mételin, vingt-cinq centimes pour cent, — de Marseille aux Dardanelles, à Gallipoli, Constantinople, Alexandrie, Rhodes, Mersina, Alexandrette, Latakié, Tripoli, Beyrouth et Jaffa, trente-huit centimes pour cent,

de Gênes à Livourne, seize centimes pour cent, — de Gênes à Civita-Vecchia, Naples, Messine, Malte, vingt centimes pour cent, — de Gênes au Pirée, à Syra, Smyrne, Mételin, vingt-cinq centimes pour cent, — de Gênes aux Dardanelles, à Gallipoli, Constantinople, Alexandrie, Rhodes, Mersina, Alexandrette, Latakié, Tripoli, Beyrouth et Jaffa, trente-huit centimes pour cent,

de Livourne — à Civita-Vecchia, Naples, Messine, Malte, vingt centimes pour cent, — au Pirée, à Syra, Smyrne, Mételin, vingt-cinq centimes pour cent, — aux Dardanelles, à Gallipoli, Constantinople, Alexandrie, Rhodes, Mersina, Alexandrette, Latakié, Tripoli, Beyrouth et Jaffa, trente-huit centimes pour cent,

de Civita-Vecchia — à Naples, Messine, Malte, vingt centimes pour cent, — au Pirée, à Syra, Smyrne, Mételin, vingt-cinq centimes pour cent, — aux Dardanelles, à Gallipoli, Constantinople, Alexandrie, Rhodes, Mersina, Alexandrette, Latakié, Tripoli, Beyrouth et Jaffa, trente-huit centimes pour cent,

de Naples — à Messine, Malte, vingt centimes pour cent, — au Pirée, à Syra, Smyrne, Mételin, vingt-cinq centimes pour cent, — aux Dardanelles, à Gallipoli, Constantinople, Alexandrie, Rhodes, Mersina, Alexandrette, Latakié, Tripoli, Beyrouth et Jaffa, trente-huit centimes pour cent,

de Messine — à Malte, vingt centimes pour cent, — au Pirée, à Syra, Smyrne, Mételin, vingt-cinq centimes pour cent, — aux Dardanelles, à Gallipoli, Constantinople, Alexandrie, Rhodes, Mersina, Alexandrette, Latakié, Tripoli, Beyrouth et Jaffa, trente-huit centimes pour cent,

de Malte — au Pirée, à Syra, vingt centimes pour cent, — à Smyrne, Mételin, aux Dardanelles, à Gallipoli, Constantinople et Alexandrie, vingt-cinq centimes pour cent, — à Rhodes, Mersina, Alexandrette, Latakié, Tripoli, Beyrouth et Jaffa, trente-huit centimes pour cent,

du Pirée — à Syra, vingt centimes pour cent, — à Smyrne, Mételin, aux Dardanelles, à Gallipoli et Constantinople, vingt-cinq centimes pour cent, — à Alexandrie, trente-trois centimes pour cent, — à Rhodes, Mersina, Alexandrette, Latakié, Tripoli, Beyrouth et Jaffa, trente-huit centimes pour cent,

de Syra — à Smyrne, Mételin, vingt centimes pour cent, — aux Dardanelles, à Gallipoli et Constantinople, vingt-cinq centimes pour cent,— Alexandrie, trente-trois centimes pour cent, — Rhodes, Mersina, Alexandrette, Latakié, Tripoli, Beyrouth et Jaffa, trente-huit centimes pour cent,

de Smyrne— à Mételin, vingt centimes pour cent,— aux Dardanelles, à Gallipoli et Constantinople, vingt-cinq centimes pour cent,— Alexandrie, trente-trois centimes pour cent, —Rhodes, Mersina, Alexandrette, Latakié, Tripoli, Beyrouth et Jaffa, vingt-cinq centimes pour cent,

de Mételin — aux Dardanelles, à Gallipoli et Constantinople, vingt centimes pour cent,— à Alexandrie, Rhodes, Mersina, Alexandrette, Latakié, Tripoli, Beyrouth et Jaffa, trente-trois centimes pour cent,

des Dardanelles— à Gallipoli et Constantinople, vingt centimes pour cent,— à Alexandrie, Rhodes, Mersina, Alexandrette, Latakié, Tripoli, Beyrouth et Jaffa, trente-trois centimes pour cent,

de Gallipoli — à Constantinople, vingt centimes pour cent, — à Alexandrie, Rhodes, Mersina, Alexandrette, Tripoli, Latakié, Beyrouth et Jaffa, trente-trois centimes pour cent,

de Constantinople à Alexandrie, Rhodes, Mersina, Alexandrette, Latakié, Tripoli, Beyrouth et Jaffa, trente-trois centimes pour cent,

d'Alexandrie — à Rhodes, Mersina, Alexandrette, Latakié, trente-trois centimes pour cent, — à Tripoli, Beyrouth et Jaffa, vingt-cinq centimes pour cent,

de Rhodes — à Mersina, Alexandrette, Latakié, vingt-cinq centimes pour cent, — à Tripoli, Beyrouth et Jaffa, trente-trois centimes pour cent,

de Mersina — à Alexandrette et Latakié, vingt centimes pour cent,— à Tripoli, Beyrouth et Jaffa, trente-trois centimes pour cent,

d'Alexandrette à Latakié, Beyrouth, Jaffa et Tripoli, trente-trois centimes pour cent,

de Latakié à Tripoli, Beyrouth et Jaffa, trente-trois centimes pour cent,

de Tripoli à Beyrouth et Jaffa, vingt centimes pour cent,

de Beyrouth à Jaffa, vingt centimes pour cent;

Pour aller des uns aux autres des ports ci-après désignés et vice-versâ, pendant les six mois d'hiver, du premier octobre au trente-et-un mars,

de Marseille — à Gênes, Livourne, Civita-Vecchia, Naples, Messine, Malte, vingt-cinq centimes pour cent, — au Pirée, à Syra, trente-trois centimes pour cent, — à Smyne, Mételin et Alexandrie, trente-huit centimes pour cent, — aux Dardanelles, à Gallipoli, Constantinople, Rhodes, Mersina, Alexandrette, Latakié, Tripoli, Beyrouth et Jaffa, cinquante centimes pour cent,

de Gênes — à Livourne, Civita-Vecchia, Naples, Messine, Malte, vingt-cinq centimes pour cent,— au Pirée, à Syra, trente-trois centimes pour cent, — à Smyrne, Mételin et Alexandrie, trente-huit centimes pour cent,— aux Dardanelles, à Gallipoli, Constantinople, Rhodes, Mersina, Alexandrette, Latakié, Tripoli, Beyrouth et Jaffa, cinquante centimes pour cent,

de Livourne—à Civita-Vecchia, Naples, Messine, Malte, vingt-cinq centimes pour cent, — au Pirée, à Syra, trente-trois centimes pour cent, — à Smyrne, Mételin et Alexandrie, trente-huit centimes pour cent, — aux Dardanelles, à Gallipoli, Constantinople, Rhodes, Mersina, Alexandrette, Latakié, Tripoli, Beyrouth et Jaffa, cinquante centimes pour cent,

de Civita-Vecchia — à Naples, Messine et Malte, vingt-cinq centimes pour cent, — au Pirée, à Syra, trente-trois centimes pour cent, — à Smyrne, Mételin et Alexandrie, trente-huit centimes pour cent, — aux Dardanelles, à Gallipoli, Constantinople, Rhodes, Mersina, Alexandrette, Latakié, Tripoli, Beyrouth et Jaffa, cinquante centimes pour cent,

de Naples — à Messine, Malte, vingt-cinq centimes pour cent, — au Pirée, à Syra, trente-trois centimes pour cent, — à Smyrne, Mételin et Alexandrie, trente-huit centimes pour cent, — aux Dardanelles, à Gallipoli, à Constantinople, Rhodes, Mersina, Alexandrette, Latakié, Tripoli, Beyrouth et Jaffa, cinquante centimes pour cent,

de Messine — à Malte, vingt-cinq centimes pour cent, — au Pirée, à Syra, trente-trois centimes pour cent, — à Smyrne, Mételin et Alexandrie, trente-huit centimes pour cent. — aux Dardanelles, à Gallipoli et Constantinople, Rhodes, Mersina, Alexandrette, Latakié, Tripoli, Beyrouth et Jaffa, cinquante centimes pour cent,

de Malte — au Pirée, à Syra et Alexandrie, vingt-cinq centimes pour cent, — à Smyrne, Mételin, trente-trois centimes pour cent, — aux Dardanelles, à Gallipoli et Constantinople, trente-huit centimes pour cent, — à Rhodes, Mersina, Alexandrette, Latakié, Tripoli, Beyrouth et Jaffa, cinquante centimes pour cent,

du Pirée — à Syra, vingt-cinq centimes pour cent, — à Smyrne et Mételin, trente-trois centimes pour cent, — aux Dardanelles, à Gallipoli, Constantinople et Alexandrie, trente-huit centimes pour cent, — à Rhodes, Mersina, Alexandrette, Latakié, Tripoli, Beyrouth et Jaffa, cinquante centimes pour cent,

de Syra — à Smyrne, Mételin, vingt-cinq centimes pour cent, — aux Dardanelles, à Gallipoli et Constantinople, trente-trois centimes pour cent, — à Alexandrie, trente-huit centimes pour cent, — à Rhodes, Mersina, Alexandrette, Latakié, Tripoli, Beyrouth et Jaffa, cinquante centimes pour cent,

de Smyrne — à Mételin, vingt-cinq centimes pour cent, — aux Dardanelles, à Gallipoli et Constantinople, trente-trois centimes pour cent, — à Alexandrie, Rhodes, Mersina, Alexandrette, Latakié, Tripoli, Beyrouth et Jaffa, trente-huit centimes pour cent,

de Mételin — aux Dardanelles, à Gallipoli et Constantinople, vingt-cinq centimes pour cent, — à Alexandrie, Rhodes, Mersina, Alexandrette, Latakié, Tripoli, Beyrouth et Jaffa, trente-huit centimes pour cent,

des Dardanelles — à Gallipoli et Constantinople, vingt-cinq centimes pour cent, — à Alexandrie, Rhodes, Mersina, Alexandrette, Latakié, Tripoli, Beyrouth et Jaffa, cinquante centimes pour cent,

de Gallipoli — à Constantinople, vingt-cinq centimes pour cent, — à Alexandrie, Rhodes, Mersina, Alexandrette, Latakié, Tripoli, Beyrouth et Jaffa, cinquante centimes pour cent,

de Constantinople à Alexandrie, Rhodes, Mersina, Alexandrette, Latakié, Tripoli, Beyrouth et Jaffa, cinquante centimes pour cent,

d'Alexandrie — à Rhodes, Mersina, Alexandrette, Latakié, cinquante centimes pour cent, — à Tripoli, Beyrouth et Jaffa, trente-huit centimes pour cent,

de Rhodes — à Mersina, Alexandrette et Latakié, trente-trois centimes pour cent, — à Tripoli, Beyrouth et Jaffa, trente-huit centimes pour cent,

de Mersina — à Alexandrette et Latakié, vingt-cinq centimes pour cent, — à Tripoli, Beyrouth et Jaffa, trente-huit centimes pour cent,

d'Alexandrette à Latakié, Tripoli, Beyrouth et Jaffa, trente-huit centimes pour cent,

de Latakié à Tripoli, Beyrouth et Jaffa, trente-huit centimes pour cent,

de Tripoli à Beyrouth et Jaffa, vingt-cinq centimes pour cent,

Beyrouth à Jaffa, vingt-cinq centimes pour cent.

Les espèces, diamants, perles, essences de roses et cuivres en pains sont compris dans l'assurance pour tous les voyages et dans toutes saisons à vingt-cinq centimes pour cent, excepté pour les voyages dont la prime est fixée au-dessous de ce taux, et pour lesquels il sera alloué aux Assureurs la même prime que sur les autres facultés.

Art. 11. — Les Compagnies d'Assurances maritimes et Assureurs soussignés indiquant par leur signature le maximum de la somme qu'ils autorisent la Compagnie à engager, sans aucune solidarité entr'eux, sur chaque navire et à chaque voyage, n'entendent, dans aucun cas, qu'il puisse se trouver en risque, sur le même navire, une somme excédant celle indiquée dans leur signature.

La somme assurée par la présente Police est fixée en maximum, par chaque bateau, à cinq cent mille francs. (1)

Art. 12. — Dans le cas où, par erreur, les risques arrêtés par les Agents s'élèveraient à une somme plus forte, la Compagnie resterait assureur pour son compte de cet excédant ; la prime y afférant serait acquise à la Compagnie des Messageries Nationales, qui, en cas de sinistre, entrerait à proportion de son découvert dans le paiement des indemnités dues aux chargeurs.

Art. 13. — Les sommes chargées et prises en risques seront réparties au marc le franc entre tous les Assureurs signataires de la présente convention, à prorata des sommes souscrites par chacun. Il est convenu que si la Compagnie des Messageries trouvait que la somme pour laquelle les Assureurs soussignés sont engagés est insuffisante pour couvrir d'habitude les assurances demandées par les chargeurs, cette Compagnie aurait le droit, en souscrivant avec de nouveaux Assureurs une convention pareille à la présente, d'y insérer une clause par laquelle la nouvelle convention entrerait, quelle que fût sa date, en concurrence avec la présente pour la répartition des risques entre tous les Assureurs signataires des diverses Polices.

La Compagnie devra faire connaître cette augmentation d'assurance aux Assureurs soussignés, et dans le cas où il serait accordé aux nouveaux Assureurs des conditions plus avantageuses ou des primes plus élevées que celles stipulées dans la présente Police, il serait accordé aux Assureurs soussignés les mêmes avantages.

Art. 14. — La Compagnie s'engage à faire payer par ses Agents, et pour compte des Assureurs, dans les lieux de destination autres que Marseille, toutes les avaries qui n'excéderont pas trois pour cent en sus de la franchise. Les Assureurs soussignés autorisent lesdits Agents à faire tous règlements à ce sujet avec les chargeurs, et ils s'engagent à rembourser, sans discussion, à la Compagnie, à la fin de chaque mois, les avaries payées par ses Agents.

Quant aux avaries excédant le taux ci-dessus, les Agents de la Compagnie sont autorisés seulement à les constater, sans aucune formalité judiciaire, et le règlement en sera fait à Marseille entre les assurés ou la Compagnie des Messageries pour eux et les mandataires des Assureurs pour le paiement être fait un mois après la production des pièces.

Les sinistres majeurs ou pertes d'objets assurés seront payés de la même manière, sous l'escompte de trois pour cent ; le montant de ces sinistres (pertes ou avaries) sera établi par un règlement fait avec les mandataires des Assureurs, et ceux-ci remettront, sous leur garantie, aux assurés des mandats sur chacun des Assureurs pour la somme qu'il aura à payer.

(1) V. Pièces complémentaires nᵒˢ 16, 17, 18 et 26. (N. du Régl.)

ART. 15. — Les opérations confiées aux Agents par les deux articles qui précèdent, ne pourront, dans aucun cas, engager la responsabilité de la Compagnie.

ART. 16. — La Compagnie des Messageries Nationales. n'entendant accepter dans la présente Police ni le rôle d'assuré ni celui d'assureur, n'assume sur elle ni plus ni moins de responsabilité que si les assurances qui seront engagées en vertu de la présente Police eussent été faites entre les chargeurs assurés et les Assureurs par un contrat auquel elle fût étrangère, et qui conserverait aux Assureurs tous les droits des chargeurs lorsqu'ils y seraient substitués.

ART. 17. — Les Assureurs nomment Messieurs Armand Dubernad et Eugène Estrangin pour les représenter et être leurs mandataires auprès de la Compagnie des Messageries Nationales pour tout ce qui a rapport à l'exécution de la présente Police. Les Assureurs approuvant tous les règlements que feront ces mandataires comme définitifs, et sous promesse de relèvement et garantie; lesdits mandataires n'étant d'ailleurs nullement responsables des paiements dûs par les autres Assureurs.

Les Assureurs non domiciliés à Marseille font élection de domicile pour tout ce qui est relatif à la présente Police chez Monsieur Armand Dubernad, demeurant à Marseille, rue Saint-Ferréol, n° 51.

ART. 18. — La prime de toute assurance mentionnée sur le connaissement et sur les Etats d'administration sera acquise, dans tous les cas, aux Assureurs lorsque le chargement de la marchandise aura été effectué.

ART. 19. — Sur toutes les primes que la Compagnie des Services Maritimes des Messageries Nationales encaissera pour le compte des Assureurs, elle retiendra un escompte de cinq pour cent en indemnité des frais, imprimés, ports de lettres et autres, Jauxquels la soumettra l'exécution de la présente Police.

ART. 20. — La durée de la présente Police est fixée à un an, — pour commencer le premier avril mil huit cent cinquante-deux, — et finir le premier avril mil huit cent cinquante-trois. (1)

ART. 21. — Une copie certifiée du présent acte sera déposée aux Greffes des Tribunaux de Commerce de Paris et de Marseille et à la chancellerie du Consulat de chacune des places qui se trouvent sur les lignes que parcourent les bateaux de la Compagnie. (2)

Marseille, le quinze mars mil huit cent cinquante-deux.

(Suivent les signatures.)

(1) La police a été renouvelée d'année en année. Un Advenant eu date du 21 mars 1853 (*V. pièce complémentaire n° 3*) a opéré le renouvellement pour trois mois. Il en résulte que le point de départ de la police est maintenant non plus le 1er avril mais le 1er juillet. Les Polices qui ont renouvelé annuellement la Police sont en date des 21 juin 1853, 17 juin 1854, 16 juin 1855, 27 juin 1856, 20 juin 1857, 24 juin 1858, 16 juin 1859, 27 juin 1860 et 24 juin 1861. *V. pièces complémentaires n° 4, 6, 9, 11, 14, 20, 22, 24, et 26. (N. du Règl.)*

(2) La police de Paris porte après cet alinéa : « Il est déclaré aux Assureurs, qui en prennent note, qu'il a été souscrit le quinze de ce mois à Marseille, par l'entremise de M. Maxime Estrangin, courtier, une Police d'assurance de cinq cent mille francs sur le même risque. Cette Police et la présente souscrite à Paris, recevront concurremment, proportionnellement et sans distinction de date, leur aliment dans les chargements assurés, conformément à l'article treize d'autre part ». (N. du Règl.)

Nous Maxime Estrangin, courtier d'assurances, près la Bourse de Marseille, avons clos et fermé la présente police, pour la somme de cinq cent mille francs, sur chaque navire, du consentement des parties.

Marseille, le quinze mars mil huit cent cinquante-deux, après-midi. D. L. C.

Signé : M. ESTRANGIN.

PIÈCES COMPLÉMENTAIRES.

(Polices et Advenants qui ont renouvelé ou modifié la Police flottante d'Assurance sur Marchandises des lignes d'Italie, du Levant, etc.)

PIÈCE COMPLÉMENTAIRE N° 1.

—

Advenant du 1er avril 1852
à la Police du 15 mars 1852.

—

(Notification de la Police de Paris aux Assureurs de Marseille.)

Advenant le premier avril mil huit cent cinquante-deux, par l'entremise de Nous, M⁰ Maxime Estrangin, courtier, Monsieur Albert Rostand, agissant en qualité de Directeur à Marseille de la Compagnie des Services Maritimes des Messageries Nationales, déclare aux Assureurs soussignés, souscripteurs de la police sus-mentionnée, qu'il a été f..it à Paris, en date du vingt mars, pour la même assurance, une police de cinq cent mille francs, qui aux termes de l'article 13 des deux polices, entre en concurrence avec celle souscrite à Marseille le quinze mars, ce qui porte la somme assurée par les deux polices à la somme de un million, sur laquelle seront réparties au marc le franc toutes les assurances engagées par les Agents de la Compagnie des Messageries.

(Suivent les signatures.)

PIÈCE COMPLÉMENTAIRE N° 2.

—

Advenant du 25 juin 1852

à la Police du 15 mars 1852. (1)

—

(Extension de l'Assurance pour les Services de Grèce.) (2)

———

Advenant le vingt-cinq juin mil huit cent cinquante-deux, par l'entremise de Nous, M° Maxime Estrangin, courtier d'assurances, Monsieur le Directeur à Marseille de la Compagnie des Services Maritimes des Messageries Nationales déclare à ses Assureurs soussignés, signataires de la police sus-mentionnée, que l'extension projetée vient d'être donnée à la ligne de Grèce, qui jusqu'à ce jour n'avait consisté qu'en un service entre Syra et le Pyrée. Le bateau qui était affecté à ce service doit le continuer comme par le passé, mais trois lignes nouvelles seront desservies chacune une fois par mois, savoir :

1° Salonique ; 2° Hydra, Spezzia, Nauplie et Calamata (les bateaux ne prendront pas de marchandises pour Hydra et Spezzia) ; 3° Chalcis (Négrepont).

Ces nouveaux services donnant lieu à la fixation des taux de primes auxquels les Agents de la Compagnie sont autorisés à engager des assurances pour le compte des Assureurs, il est convenu que ces primes devront être fixées ainsi qu'il suit :

Pour aller des uns aux autres des ports ci-après désignés et vice-versâ, pendant les six mois d'été, du premier avril au trente septembre,

de Marseille — à Salonique, trente-huit centimes pour cent, — à Nauplie, Calamata et Chalcis, vingt-cinq centimes pour cent,

de Gênes — à Salonique, trente-huit centimes pour cent, — à Nauplie, Calamata et Chalcis, vingt-cinq centimes pour cent,

de Livourne — à Salonique, trente-huit centimes pour cent, — à Nauplie, Calamata et Chalcis, vingt-cinq centimes pour cent,

de Civita-Vecchia — à Salonique, trente-huit centimes pour cent,'—à Nauplie, Calamata et Chalcis, vingt-cinq centimes pour cent,

de Naples — à Salonique, trente-huit centimes pour cent, — à Nauplie, Calamata et Chalcis, vingt-cinq centimes pour cent,

de Messine — à Salonique, trente-huit centimes pour cent, — à Nauplie, Calamata et Chalcis, vingt-cinq centimes pour cent,

de Malte à Salonique, Nauplie, Calamata et Chalcis, vingt-cinq centimes pour cent,

du Pyrée — à Salonique, vingt-cinq centimes pour cent, — à Nauplie, Calamata et Chalcis, vingt centimes pour cent,

(1) Un advenant analogue a été signé à Paris le 7 juillet 1852, à la requête de l'Administration Centrale de la Compagnie. (*N. du Règl.*)

(2) Les paquebots de la Compagnie ont cessé d'aller à Nauplie, Calamata et Chalcis à partir du 1er juillet 1857. Salonique est depuis le 14 janvier 1858 desservie par les paquebots de la ligne spéciale de Thessalie. V. pièce complémentaire n° 15, Advenant du 20 juin 1857. (*N. du Règl.*)

ADVENANT
DU 25 JUIN 1852.

de Syra — à Salonique, vingt-cinq centimes pour cent,— à Nauplie, Calamata et Chalcis, vingt centimes pour cent,

de Smyrne — à Salonique, trente-trois centimes pour cent, — à Nauplie, Calamata et Chalcis, vingt-cinq centimes pour cent,

de Mételin — à Salonique, trente-trois centimes pour cent, — à Nauplie, Calamata et Chalcis, vingt-cinq centimes pour cent,

des Dardanelles — à Salonique, trente-trois centimes pour cent, — à Nauplie, Calamata et Chalcis, vingt-cinq centimes pour cent,

de Gallipoli — à Salonique, trente-trois centimes pour cent, — à Nauplie, Calamata et Chalcis, vingt-cinq centimes pour cent,

de Constantinople — à Salonique, trente-trois centimes pour cent,— à Nauplie, Calamata et Chalcis, vingt-cinq centimes pour cent,

d'Alexandrie — à Salonique, trente-huit centimes pour cent, — à Nauplie, Calamata et Chalcis, trente-trois centimes pour cent,

de Rhodes — à Salonique, trente-huit centimes pour cent, — à Nauplie, Calamata et Chalcis, trente-trois centimes pour cent,

de Mersina — à Salonique, trente-huit centimes pour cent, — à Nauplie, Calamata et Chalcis, trente-trois centimes pour cent,

d'Alexandrette — à Salonique, trente-huit centimes pour cent,— à Nauplie, Calamata et Chalcis, trente-trois centimes pour cent,

de Latakié — à Salonique, trente-huit centimes pour cent, — à Nauplie, Calamata et Chalcis, trente-trois centimes pour cent,

de Tripoli — à Salonique, trente-huit centimes pour cent, — à Nauplie, Calamata et Chalcis, trente-trois centimes pour cent,

de Beyrouth — à Salonique, trente-huit centimes pour cent, — à Nauplie, Calamata et Chalcis, trente-trois centimes pour cent,

de Jaffa — à Salonique, trente-huit centimes pour cent, — à Nauplie, Calamata et Chalcis, trente-trois centimes pour cent,

de Nauplie — à Calamata, seize centimes pour cent, — à Chalcis et Salonique, vingt-cinq centimes pour cent,

de Calamata à Chalcis et Salonique, vingt-cinq centimes pour cent,

de Chalcis à Salonique, vingt-cinq centimes pour cent;

Pour aller des uns aux autres des ports ci-après désignés et vice-versâ, pendant les six mois d'hiver, du premier octobre au trente-un mars,

de Marseille — à Salonique, cinquante centimes pour cent, — à Nauplie, Calamata et Chalcis, trente-huit centimes pour cent,

de Gênes — à Salonique, cinquante centimes pour cent, — à Nauplie, Calamata et Chalcis, trente-huit centimes pour cent,

de Livourne — à Salonique, cinquante centimes pour cent, — à Nauplie, Calamata et Chalcis, trente-huit centimes pour cent,

de Civita-Vecchia — à Salonique, cinquante centimes pour cent,— à Nauplie, Calamata et Chalcis, trente-huit centimes pour cent,

de Naples — à Salonique, cinquante centimes pour cent, — à Nauplie, Calamata et Chalcis, trente-huit centimes pour cent,

de Messine — à Salonique, cinquante centimes pour cent, — à Nauplie, Calamata et Chalcis, trente-huit centimes pour cent, de Malte — à Salonique, trente-huit centimes pour cent, — à Nauplie, Calamata et Chalcis, trente-trois centimes pour cent,

du Pyrée — à Salonique, trente-huit centimes pour cent, — à Nauplie, Calamata et Chalcis, trente-trois centimes pour cent,

de Syra — à Salonique, trente-huit centimes pour cent, — à Nauplie, Calamata et Chalcis, vingt-cinq centimes pour cent,

de Smyrne — à Salonique, trente-huit centimes pour cent, — à Nauplie, Calamata et Chalcis, trente-trois centimes pour cent,

de Métélin — à Salonique, trente-huit centimes pour cent, — à Nauplie, Calamata et Chalcis, trente-trois centimes pour cent,

des Dardanelles — à Salonique, trente-huit centimes pour cent, — à Nauplie, Calamata et Chalcis, trente-trois centimes pour cent,

de Gallipoli — à Salonique, trente-huit centimes pour cent, — à Nauplie, Calamata et Chalcis, trente-trois centimes pour cent,

de Constantinople — à Salonique, cinquante centimes pour cent, — à Nauplie, Calamata et Chalcis, trente-trois centimes pour cent,

d'Alexandrie — à Salonique, cinquante centimes pour cent, — à Nauplie, Calamata et Chalcis, trente-huit centimes pour cent,

de Rhodes — à Salonique, cinquante centimes pour cent, — à Nauplie, Calamata et Chalcis, trente-trois centimes pour cent,

de Mersina — à Salonique, cinquante centimes pour cent, — à Nauplie, Calamata et Chalcis, trente-trois centimes pour cent,

d'Alexandrette — à Salonique, cinquante centimes pour cent, — à Nauplie, Calamata et Chalcis, trente-trois centimes pour cent,

de Latakié — à Salonique, cinquante centimes pour cent, — à Nauplie, Calamata et Chalcis, trente-trois centimes pour cent,

de Tripoli — à Salonique, cinquante centimes pour cent, — à Nauplie, Calamata et Chalcis, trente-trois centimes pour cent,

de Beyrouth — à Salonique, cinquante centimes pour cent, — à Nauplie, Calamata et Chalcis, trente-trois centimes pour cent,

de Jaffa — à Salonique, cinquante centimes pour cent, — à Nauplie, Calamata et Chalcis, trente-trois centimes pour cent,

de Nauplie — à Salonique et Chalcis, trente-huit centimes pour cent, — à Calamata, vingt-cinq centimes pour cent,

de Calamata à Salonique et Chalcis, trente-huit centimes pour cent,

de Chalcis à Salonique, trente-huit centimes pour cent.

(*Suivent les signatures.*)

3

PIÈCE COMPLÉMENTAIRE N° 3.

—

Advenant du 21 mars 1853

à la Police du 15 mars 1852. (1)

—

(Changement du point de départ de la Police flottante.)

———

Advenant le vingt-un mars mil huit cent cinquante-trois, par l'entremise de Nous, Maxime Estrangin, courtier, il est convenu entre l'Administration des Services Maritimes des Messageries Nationales et les Assureurs soussignés signataires de la police ci-dessus mentionnée, que les effets de la dite police sont prolongés pendant trois mois, après l'expiration fixée au trente-et-un mars mil huit cent cinquante-trois, c'est-à-dire jusqu'au trente juin prochain; il est convenu et bien expliqué que les Assureurs continueront à courir les risques sur toutes les marchandises dont l'assurance sera demandée par les chargeurs sur les navires qui seraient en cours de voyage après le premier juillet, mais qui seraient partis avant cette époque, savoir : de Marseille pour les lignes du Levant, d'Egypte et d'Italie ; de Constantinople pour la ligne de Syrie, et de Syra pour la ligne de Grèce.

Il est entendu que les assurances engagées sur ces bateaux, tant pour l'aller que pour le retour, seront encore appliquées à la police du quinze mars mil huit cent cinquante-deux, de manière à ce que les assurances soient engagées pour les voyages entiers indiqués par les numéros des Messageries et qui comprendront inclusivement savoir : pour la ligne du Levant jusqu'au n° 63, départ de Marseille du vingt-et-un juin ; pour la ligne d'Egypte jusqu'au n° 42, départ de Marseille du vingt-trois juin ; pour la ligne d'Italie jusqu'au n° 66, départ de Marseille du vingt-neuf juin ; pour la ligne de Syrie jusqu'au n° 18, départ de Constantinople du dix-huit juin. Tous ces voyages qui seront commencés dans le mois de juin seront compris dans la police, même dans le cas où pour les besoins du service, le voyage commencé sous un numéro par un navire, serait achevé par un autre. L'Administration des Messageries rendra ainsi compte aux Assureurs des primes acquises pour les voyages en entier, dont les numéros sont indiqués ci-dessus. Les conditions auxquelles a lieu la dite prolongation de risque restent et demeurent les mêmes que celles établies par la police du quinze mars mil huit cent cinquante-deux et les divers advenants qui ont été signés par les Assureurs.

(Suivent les signatures.)

———

(1) Un advenant analogue a été signé à Paris le 24 mars 1853 à la requête de l'Administration Centrale de la Compagnie. *(N. du Régl.)*

PIÈCE COMPLÉMENTAIRE Nº 4.

—

Police du 21 juin 1853. (1)

—

(La police du 21 juin 1853 a purement et simplement renouvelé, pour l'année 1853-1854 et un risque de 500,000 francs, les conditions précédemment établies.)

PIÈCE COMPLÉMENTAIRE Nº 5.

—

Advenant du 14 juin 1854

à la Police du 21 juin 1853. (2)

—

(Point de départ des risques.)

Advenant le quatorze juin mil huit cent cinquante-quatre, par l'entremise de Nous, Maxime Estrangin, courtier, entre l'Administration des Services Maritimes des Messageries Impériales, et les Assureurs soussignés, signataires de la police ci-dessus mentionnée, en date du vingt-et-un juin mil huit cent cinquante-trois, il est convenu et bien expliqué que les Assureurs continueront à courir les risques sur toutes les marchandises et autres objets dont l'assurance sera demandée par les chargeurs sur les navires qui étant partis avant le premier juillet se trouveraient encore en cours de voyage après cette époque et que si par suite des besoins du service, un ou plusieurs bateaux qui auraient entrepris un voyage avant le premier juillet, étaient remplacés, pour faire le retour ou une partie du voyage, par d'autres navires, la faculté d'assurance serait portée sur ces derniers, en suivant toujours l'ordre des numéros des voyages de l'Administration pour chaque ligne; tous les voyages qui seront commencés dans le mois de juin étant ainsi compris en entier dans la police sus-mentionnée, même dans le cas où le voyage commencé sous un numéro par un navire, serait achevé par un autre. L'Administration des Messageries rendra compte aux Assureurs des primes acquises pour les voyages en entier, commencés avant le premier juillet, ainsi qu'elle l'a pratiqué pour la police précédente pour les voyages qui avaient été commencés avant le premier juillet mil huit cent cinquante-deux. Du consentement mutuel des parties, la police du vingt-et-un juin mil huit cent cinquante-trois

---

(1) Une Police analogue a été signée à Paris le 24 juin 1853, à la requête de l'Administration Centrale de la Compagnie, pour un risque de 500,000 fr. (*N. du Règl.*)

(2) Un Advenant analogue a été signé à Paris le 19 juin 1854, à la requête de l'Administration Centrale de la Compagnie. (*N. du Règl.*)

continue à avoir son effet, malgré les modifications apportées aux accords entre la Compagnie des Messageries et le Gouvernement.

(Suivent les signatures.)

PIÈCE COMPLÉMENTAIRE N° 6.

—

Police du 17 juin 1854. (1)

(La police du 17 juin 1854 a purement et simplement renouvelé, pour l'année 1854-1855 et un risque de 500,000 francs, les conditions précédemment établies.)

PIÈCE COMPLÉMENTAIRE N° 7.

—

Advenant du 17 août 1854

à la Police du 17 juin 1854. (2)

—

(Service de Varna.)

Advenant le dix-sept août mil huit cent cinquante-quatre, par l'entremise de Nous, Maxime Estrangin, courtier, l'Administration des Services Maritimes des Messageries Impériales déclare aux Assureurs soussignés, signataires de la police ci-dessus mentionnée, qu'en vertu de l'article 3 de la dite police, le nouveau Service dont elle vient de se charger entre Varna et Constantinople, fait, à partir de ce jour, partie de l'assurance consentie par la police ci-dessus mentionnée. En conséquence, il a été convenu entre la dite Administration et les Assureurs soussignés, que les Agents de la Compagnie pourront engager pour compte des Assureurs, aux conditions de la dite police, les assurances que les chargeurs désireront faire couvrir sur les marchandises par eux chargées dans le nouveau Service qui va être établi. Les primes à percevoir sont établies comme il suit : à vingt-cinq centimes pour cent en été, et cinquante centimes pour cent en hiver, pour les

(1) Une Police analogue a été signée à Paris le 26 juin 1854, à la requête de l'Administration Centrale de la Compagnie, pour un risque de 500,000 fr. *(N. du Règl.)*

(2) Un Advenant analogue a été signé à Paris le 26 août 1854, à la requête de l'Administration Centrale de la Compagnie. *(N. du Règl.)*

facultés assurées de Constantinople à Varna, et vice-versâ. Pour les facultés assurées des
ports en deçà de Constantinople pour Varna, et à Varna, pour les ports au-delà de
Constantinople, la prime déjà établie par le Tarif existant, sera augmentée également de
vingt-cinq centimes en été, et de cinquante centimes en hiver. D. L. C.

(Suivent les signatures.)

PIÈCE COMPLÉMENTAIRE N° 8.

—

Advenant du 19 mai 1855

à la Police du 17 juin 1854. (1)

—

(Service de Kamiesch.)

Advenant le dix-neuf mai mil huit cent cinquante-cinq, par l'entremise de Nous,
Maxime Estrangin, courtier, l'Administration des Services Maritimes des Messageries
Impériales déclare à ses Assureurs soussignés, signataires de la police ci-dessus mentionnée, qu'en vertu de l'article trois de la dite police ci-dessus désignée, le Service dont elle
est chargée entre Constantinople et Kamiesch, fait, à dater de ce jour jusqu'à la cessation
de la police actuellement en cours, partie de l'assurance consentie par la susdite police. En
conséquence, il a été convenu entre la dite Administration et les Assureurs soussignés,
que les Agents de la Compagnie pourront engager pour compte des Assureurs, aux
conditions de la dite police., les assurances que les chargeurs désireront faire couvrir sur
les marchandises et autres valeurs par eux chargées dans le nouveau Service qui est
établi. Les primes à percevoir sont fixées comme il suit : vingt-cinq centimes pour cent,
pour les facultés assurées de Constantinople à Kamiesch, et vice-versâ. Pour celles assurées des ports en deçà de Constantinople pour Kamiesch, et à Kamiesch, pour les ports
au-delà de Constantinople, la prime déjà établie pour Constantinople par le Tarif existant,
sera augmentée également de vingt-cinq centimes. D. L. C.

(Suivent les signatures.)

---

(1) Un Advenant analogue a été signé à Paris le 25 mai 1855, a la requête de l'Administration
Centrale de la Compagnie.
Le service de Kamiesch a été supprimé à partir du 2 juillet 1856. (*N. du Règl.*)

PIÈCE COMPLÉMENTAIRE N° 9.

—

Police du 16 juin 1855. (1)

—

(La police du 16 juin 1855 a purement et simplement renouvelé, pour l'année 1855-1856 et un risque de 500,000 francs, les conditions précédemment établies.)

PIÈCE COMPLÉMENTAIRE N° 10.

—

Advenant du 31 août 1855

à la Police du 16 juin 1855. (2)

—

(Service d'hiver de Kamiesch.)

Advenant le trente-un août mil huit cent cinquante-cinq, par l'entremise de Nous, Maxime Estrangin, courtier, entre l'Administration des Services Maritimes des Messageries Impériales et les Assureurs soussignés, signataires de la police sus-mentionnée, il est convenu que pour le Service de Kamiesch pendant la saison d'hiver, les primes d'assurances à percevoir des chargeurs sont établies comme il suit, pour les voyages, soit de Constantinople à Kamiesch, soit de Kamiesch à Constantinople, savoir :

Pendant le mois d'octobre, un quart pour cent . . . . 1/4 pour cent.
Pendant le mois de novembre, demi pour cent . . . . 1/2 pour cent.
Pendant le mois de décembre, un pour cent. . . . . 1 pour cent.
Pendant le mois de janvier, demi pour cent. . . . . 1/2 pour cent.
Pendant le mois de février, un quart pour cent . . . . 1/4 pour cent.

Pour les assurances qui seront engagées à Kamiesch pour un port au-delà de Constantinople, et celles qui seront engagées d'un port en deçà de Constantinople pour Kamiesch,

---

(1) Une Police analogue a été signée à Paris le 26 juin 1855, à la requête de l'Administration Centrale de la Compagnie, pour un risque de 500,000 fr. (*N. du Régl.*)

(2) Un Advenant analogue a été signé à Paris le 18 septembre 1855, à la requête de l'Administration Centrale de la Compagnie.
Le service de Kamiesch a été supprimé à partir du 2 juillet 1856. (*N. du Régl.*)

les primes fixées pour Constantinople par le Tarif général, seront augmentées des primes établies ci-dessus, pour la navigation de Constantinople à Kamiesch, et vice-versâ.

ADVENANT
DU 31 AOÛT 1855.
—

(Suivent les signatures.)

PIÈCE COMPLÉMENTAIRE N° 11.

Police du 27 juin 1856. (1)

—

(La police du 27 juin 1856 a purement et simplement renouvelé, pour l'année 1856-1857
et un risque de 500,000 francs, les conditions précédemment établies.)

PIÈCE COMPLÉMENTAIRE N° 12.

—

Advenant du 27 août 1856

à la police du 27 juin 1856. (2)

—

(Assurances pour le service du Danube.)

Advenant le vingt-sept août mil huit cent cinquante-six, par l'entremise de Nous, Maxime Estrangin, courtier, l'Administration des Services Maritimes des Messageries Impériales, déclare à ses Assureurs soussignés, signataires de la Police ci-dessus mentionnée, qu'un service vient d'être établi de Constantinople à Ibraïla, touchant à Burgas, Sulina, Toultscha et Galatz. En conséquence, les Assureurs soussignés autorisent l'Administration des Messageries Impériales et ses Agents à appliquer à la dite police, les assurances qui seront présentées pour les voyages compris dans la dite ligne. — Les primes seront fixées de Constantinople dans les points ci-dessus indiqués, et vice-versâ, pour la saison d'été, soit du premier avril au trente septembre, à demi pour cent (1/2 o/o); et pour la saison d'hiver, soit du premier octobre au trente-un mars, à un pour cent (1 o/o). — La prime pour Burgas, soit à l'aller, soit au retour, est fixée comme celle de Varna, établie dans le

---

(1) Une Police analogue a été signée à Paris le 10 juin 1856, à la requête de l'Administration Centrale de la Compagnie, pour un risque de 500,000 fr. (N. du Régl.)

(2) Un Advenant analogue a été signé à Paris le 1er septembre 1856, à la requête de l'Administration Centrale de la Compagnie. (N. du Régl.)

tarif général à un quart pour cent, en été, et demi pour cent en hiver. — Il est bien entendu que pour les assurances engagées des dits points du Danube pour un port au-delà de Constantinople, et pour celles qui seront engagées d'un port en deçà de Constantinople pour les dits points, les primes fixées pour Constantinople par le Tarif général seront augmentées des primes ci-dessus établies pour la navigation de Constantinople aux dits endroits et vice-versâ. — Toutefois, il est convenu que la prime fixée plus haut à un pour cent, pour les risques du Danube, pendant la saison d'hiver sera portée à deux pour cent (**2** o/o) pour les navires dont la navigation sera accomplie en totalité ou en partie pendant les mois de décembre et de janvier.

(Suivent les signatures.)

PIÈCE COMPLÉMENTAIRE N° 13.

Advenant du 31 décembre 1856

à la **Police** du **27 juin 1856.** (1)

—

(*Transports entre Marseille et Salonique et vice-versâ.*)

Advenant le trente-et-un décembre mil huit cent cinquante-six, par l'entremise de Nous, Maxime Estrangin, courtier, entre Monsieur le Directeur à Marseille des Services Maritimes des Messageries Impériales et les Assureurs soussignés, signataires de la police ci-dessus mentionnée, il est convenu que le tarif établi par la dite police est modifié comme il suit : pour les assurances qui seront engagées pour compte des Assureurs dans les voyages de Marseille à Salonique ou de Salonique à Marseille avec transbordement à Constantinople, savoir :

La prime d'été fixée à 38 centimes pour cent sera portée à 57 centimes pour cent, et la prime d'hiver, de demi pour cent sera portée à 75 centimes pour cent.

(Suivent les signatures.)

---

(1) Un Advenant analogue a été signé à Paris le 13 janvier 1857, à la requête de l'Administration Centrale de la Compagnie. (*N. du Régl.*)

PIÈCE COMPLÉMENTAIRE N° 14.

—

Police du 20 juin 1857. (1)

—

(La police du 20 juin 1857 a purement et simplement renouvelé, pour l'année 1857-1858 et un risque de 500,000 francs, les conditions précédemment établies.)

———

PIÈCE COMPLÉMENTAIRE N° 15.

—

Advenant du 20 juin 1857

à la Police du 20 juin 1857. (2)

—

(Services de Trébizonde, du Danube et de Thessalie.)

———

Advenant le vingt juin mil huit cent cinquante-sept, par l'entremise de Nous, Maxime Estrangin, courtier, Monsieur le Directeur à Marseille des Services Maritimes des Messageries Impériales, déclare aux Assureurs soussignés, signataires de la police susmentionnée, que diverses extensions ou modifications ont été opérées dans les Services actuellement existants. Ces nouveaux Services donnant lieu à la fixation des taux de primes auxquelles les Agents de la Compagnie sont autorisés à engager des assurances pour le compte des Assureurs, il est convenu que ces primes devront être fixées conformément aux tableaux ci-après :

(Voir page suivante.)

(1) Une Police analogue a été signée à Paris le 15 juin 1857. à la requête de l'Administration Centrale de la Compagnie, pour un risque de 500,000 fr. (*N.' du Règl.*)

(2) Un Advenant analogue a été signé à Paris le 20 juin 1857, à la requête de l'Administration Centrale de la Compagnie. (*N. du Règl.*)

ADVENANT DU 20 JUIN 1857.

Ligne de Trébizonde.

	Été.					Hiver.				
	Inéboli.	Sinope.	Sansoun.	Kérassunde.	Trébizonde.	Inéboli.	Sinope.	Sansoun.	Kérassunde.	Trébizonde.
Marseille.	» 75	» 75	» 75	» 75	» 75	1 »	1 »	1 »	1 »	1 »
Gênes.	» 75	» 75	» 75	» 75	» 75	1 »	1 »	1 »	1 »	1 »
Livourne.	» 75	» 75	» 75	» 75	» 75	1 »	1 »	1 »	1 »	1 »
Civita-Vecchia.	» 75	» 75	» 75	» 75	» 75	1 »	1 »	1 »	1 »	1 »
Naples.	» 75	» 75	» 75	» 75	» 75	1 »	1 »	1 »	1 »	1 »
Messine.	» 75	» 75	» 75	» 75	» 75	1 »	1 »	1 »	1 »	1 »
Malte.	» 75	» 75	» 75	» 75	» 75	1 »	1 »	1 »	1 »	1 »
Pyrée (sic)	» 60	» 60	» 60	» 60	» 60	» 85	» 85	» 85	» 85	» 85
Syra.	» 60	» 60	» 60	» 60	» 60	» 85	» 85	» 85	» 85	» 85
Smyrne.	» 60	» 60	» 60	» 60	» 60	» 85	» 85	» 85	» 85	» 85
Mételin	» 60	» 60	» 60	» 60	» 60	» 85	» 85	» 85	» 85	» 85
Dardanelles	» 60	» 60	» 60	» 60	» 60	» 85	» 85	» 85	» 85	» 85
Gallipoli.	» 60	» 60	» 60	» 60	» 60	» 85	» 85	» 85	» 85	» 85
Constantinople.	» 50	» 50	» 50	» 50	» 50	» 85	» 85	» 85	» 85	» 85
Alexandrie.	» 75	» 75	» 75	» 75	» 75	1 »	1 »	1 »	1 »	1 »
Rhodes.	» 60	» 60	» 60	» 60	» 60	» 85	» 85	» 85	» 85	» 85
Mersina	» 60	» 60	» 60	» 60	» 60	» 85	» 85	» 85	» 85	» 85
Alexandrette.	» 60	» 60	» 60	» 60	» 60	» 85	» 85	» 85	» 85	» 85
Lattaquié	» 60	» 60	» 60	» 60	» 60	» 85	» 85	» 85	» 85	» 85
Tripoli.	» 75	» 75	» 75	» 75	» 75	1 »	1 »	1 »	1 »	1 »
Beyrouth.	» 75	» 75	» 75	» 75	» 75	1 »	1 »	1 »	1 »	1 »
Jaffa.	» 75	» 75	» 75	» 75	» 75	1 »	1 »	1 »	1 »	1 »
Salonique	» 60	» 60	» 60	» 60	» 60	» 85	» 85	» 85	» 85	» 85
Volo.	» 60	» 60	» 60	» 60	» 60	» 85	» 85	» 85	» 85	» 85
Nauplie.	» 60	» 60	» 60	» 60	» 60	» 85	» 85	» 85	» 85	» 85
Calamata.	» 60	» 60	» 60	» 60	» 60	» 85	» 85	» 85	» 85	» 85
Chalcis.	» 60	» 60	» 60	» 60	» 60	» 85	» 85	» 85	» 85	» 85
Varna.	» 75	» 75	» 75	» 75	» 75	1 »	1 »	1 25	1 25	1 25
Burgas.	» 75	» 75	» 75	» 75	» 75	1 »	1 »	1 25	1 25	1 25
Sulina.	» 75	» 75	» 75	» 75	» 75	1 »	1 »	1 25	1 25	1 25
Tutscha	» 75	» 75	» 75	» 75	» 75	1 »	1 »	1 25	1 25	1 25
Galatz.	» 75	» 75	» 75	» 75	» 75	1 »	1 »	1 25	1 25	1 25
Ibraïla.	» 75	» 75	» 75	» 75	» 75	1 »	1 »	1 25	1 25	1 25
Inéboli.	» »	» 15	» 20	» 20	» 20	» »	» 20	» 35	» 35	» 35
Sinope.	» 15	» »	» 15	» 20	» 20	» 20	» »	» 20	» 35	» 35
Sansoun (sic)	» 20	» 15	» »	» 20	» 20	» 35	» 20	» »	» 25	» 25
Kérassunde.	» 20	» 20	» 20	» »	» 20	» 35	» 35	» 25	» »	» 25
Trébizonde.	» 20	» 20	» 20	» 20	» »	» 35	» 35	» 25	» 25	» »

ADVENANT
DU **20 JUIN 1857.**
—

| | Ligne du Danube. | | | | | | | | | | | |
| | Été. | | | | | | Hiver. | | | | | |
	Burgas.	Varna.	Sulina.	Tulscha.	Galatz.	Ibraïla.	Burgas.	Varna.	Sulina.	Tulscha.	Galatz.	Ibraïla.
Marseille . . .	» 75	» 75	» 75	» 75	» 75	» 75	1 »	1 »	1 25	1 25	1 25	1 25
Gênes	» 75	» 75	» 75	» 75	» 75	» 75	1 »	1 »	1 25	1 25	1 25	1 25
Livourne. . . .	» 75	» 75	» 75	» 75	» 75	» 75	1 »	1 »	1 25	1 25	1 25	1 25
Civita-Vecchia.	» 75	» 75	» 75	» 75	» 75	» 75	1 »	1 »	1 25	1 25	1 25	1 25
Naples.	» 75	» 75	» 75	» 75	» 75	» 75	1 »	1 »	1 25	1 25	1 25	1 25
Messine	» 75	» 75	» 75	» 75	» 75	» 75	1 »	1 »	1 25	1 25	1 25	1 25
Malte	» 75	» 75	» 75	» 75	» 75	» 75	1 »	1 »	1 25	1 25	1 25	1 25
Pyrée (sic) . . .	» 60	» 60	» 60	» 60	» 60	» 60	1 »	1 »	1 25	1 25	1 25	1 25
Syra.	» 60	» 60	» 60	» 60	» 60	» 60	1 »	1 »	1 25	1 25	1 25	1 25
Smyrne	» 60	» 60	» 60	» 60	» 60	» 60	1 »	1 »	1 25	1 25	1 25	1 25
Métélin . . .	» 60	» 60	» 60	» 60	» 69	» 60	1 »	1 »	1 25	1 25	1 25	1 25
Dardanelles . .	» 60	» 60	» 60	» 60	» 60	» 60	1 »	1 »	1 25	1 25	1 25	1 25
Gallipoli. . . .	» 60	» 60	» 60	» 60	» 60	» 60	1 »	1 »	1 25	1 25	1 25	1 25
Constantinople	» 30	» 30	» 50	» 50	» 50	» 50	» 75	» 75	1 25	1 25	1 25	1 25
Alexandrie . . .	» 75	» 75	» 75	» 75	» 75	» 75	1 »	1 »	1 25	1 25	1 25	1 25
Rhodes. . . .	» 75	» 75	» 75	» 75	» 75	» 75	1 »	1 »	1 25	1 25	1 25	1 25
Mersina. . . .	» 75	» 75	» 75	» 75	» 75	» 75	1 »	1 »	1 25	1 25	1 25	1 25
Alexandrette .	» 75	» 75	» 75	» 75	» 75	» 75	1 »	1 »	1 25	1 25	1 25	1 25
Lattaquié . . .	» 75	» 75	» 75	» 75	» 75	» 75	1 »	1 »	1 25	1 25	1 25	1 25
Tripoli	» 75	» 75	» 75	» 75	» 75	» 75	1 »	1 »	1 25	1 25	1 25	1 25
Beyrouth. . . .	» 75	» 75	» 75	» 75	» 75	» 75	1 »	1 »	1 25	1 25	1 25	1 25
Jaffa.	» 75	» 75	» 75	» 75	» 75	» 75	1 »	1 »	1 25	1 25	1 25	1 25
Salonique . . .	» 75	» 75	» 75	» 75	» 75	» 75	1 »	1 »	1 25	1 25	1 25	1 25
Volo.	» 75	» 75	» 75	» 75	» 75	» 75	1 »	1 »	1 25	1 25	1 25	1 25
Nauplie	» 75	» 75	» 75	» 75	» 75	» 75	1 »	1 »	1 25	1 25	1 25	1 25
Calamata . . .	» 75	» 75	» 75	» 75	» 75	» 75	1 »	1 »	1 25	1 25	1 25	1 25
Chalcis	» 75	» 75	» 75	» 75	» 75	» 75	1 »	1 »	1 25	1 25	1 25	1 25
Varna.	» 25	» »	» 25	» 25	» 25	» 25	» 50	» »	» 50	» 50	» 50	» 50
Burgas.	» »	» 25	» 25	» 25	» 25	» 25	» »	» 50	» 50	» 50	» 50	» 50
Sulina.	» 25	» 25	» »	» 25	» 25	» 25	» 50	» 50	» »	» 50	» 50	» 50
Tulscha	» 25	» 25	» 25	» »	» 25	» 25	» 50	» 50	» 50	» »	» 50	» 50
Galatz.	» 25	» 25	» 25	» 25	» »	» 25	» 50	» 50	» 50	» 50	» »	» 50
Ibraïla.	» 25	» 25	» 25	» 25	» 25	» »	» 50	» 50	» 50	» 50	» 50	» »
Inéboli.	» 75	» 75	» 75	» 75	» 75	» 75	1 »	1 »	1 25	1 25	1 25	1 25
Sinope.	» 75	» 75	» 75	» 75	» 75	» 75	1 »	1 »	1 25	1 25	1 25	1 25
Sansoun (sic) .	» 75	» 75	» 75	» 75	» 75	» 75	1 »	1 »	1 25	1 25	1 25	1 25
Kérassunde . .	» 75	» 75	» 75	» 75	» 75	» 75	1 »	1 »	1 25	1 25	1 25	1 25
Trébizonde . .	» 75	» 75	» 75	» 75	» 75	» 75	1 »	1 »	1 25	1 25	1 25	1 25

ADVENANT DU 20 JUIN 1857.

	Ligne de Thessalie.					Ligne de Thessalie.			
	Été.		Hiver.			Été.		Hiver.	
	Salonique.	Volo.	Salonique.	Volo.		Salonique.	Volo.	Salonique.	Volo.
Marseille	» 38	» 38	» 50	» 50	Tripoli	» 38	» 38	» 50	» 50
Gênes	» 38	» 38	» 50	» 50	Beyrouth	» 38	» 38	» 50	» 50
Livourne	» 38	» 38	» 50	» 50	Jaffa	» 38	» 38	» 50	» 50
Civita-Vecchia	» 38	» 38	» 50	» 50	Salonique	» »	» 25	» »	» 33
Naples	» 38	» 38	» 50	» 50	Volo	» 25	» »	» 33	» »
Messine	» 38	» 38	» 50	» 50	Nauplie	» 25	» 25	» 33	» 33
Malte	» 25	» 25	» 38	» 38	Calamata	» 25	» 25	» 33	» 33
Pyrée (sic)	» 25	» 25	» 38	» 38	Chalcis	» 25	» 25	» 33	» 33
Syra	» 25	» 25	» 38	» 38	Varna	» 75	» 75	1 »	1 »
Smyrne	» 33	» 33	» 38	» 38	Burgas	» 75	» 75	1 »	1 »
Métélin	» 33	» 33	» 38	» 38	Sulina	» 75	» 75	1 25	1 25
Dardanelles	» 33	» 33	» 38	» 38	Tulscha	» 75	» 75	1 25	1 25
Gallipoli	» 33	» 33	» 38	» 38	Galatz	» 75	» 75	1 25	1 25
Constantinople	» 38	» 38	» 50	» 50	Ibraïla	» 75	» 75	1 25	1 25
Alexandrie	» 38	» 38	» 50	» 50	Inéboli	» 60	» 60	» 85	» 85
Rhodes	» 38	» 38	» 50	» 50	Sinope	» 60	» 60	» 85	» 85
Mersina	» 38	» 38	» 50	» 50	Samsoun (sic)	» 60	» 60	» 85	» 85
Alexandrette	» 38	» 38	» 50	» 50	Kérassunde	» 60	» 60	» 85	» 85
Lattaquié	» 38	» 38	» 50	» 50	Trébizonde	» 60	» 60	» 85	» 85

N. B. — *Lignes de la Mer Noire, Danube et Trébizonde.* — Les primes sur les espèces, lingots, diamants, perles, essences de roses, sont fixées pour tous les voyages dans la Mer Noire, à la moitié de la prime établie ci-dessus pour les mêmes voyages. Toutefois, cette prime ne pourra jamais être moindre de vingt-cinq centimes, excepté sur les voyages pour lesquels la prime des marchandises est au-dessous de ce taux et sur lesquels la prime des espèces, etc., sera la même que sur les marchandises.

Ligne de Thessalie (Salonique et Volo). — Toutes les assurances engagées pour Salonique et Volo ou de Salonique et Volo et qui seront transbordées à Constantinople pour l'Europe ou les échelles du Levant, subiront une augmentation de prime de la moitié de celles fixées dans le tarif ci-dessus.

Il reste bien entendu que toutes les primes qui avaient été antérieurement fixées par divers advenants sur les lignes du Danube et sur celle de Salonique et qui sont modifiées par le présent advenant ne devront plus être perçues par les Agents.

(*Suivent les signatures.*)

PIÈCE COMPLÉMENTAIRE N° 46.

—

Police du 15 octobre 1857. (1)

—

(Risques portés d'un million de francs à deux millions.)

———

A toutes les clauses, conditions et primes établies dans la police souscrite le quinze mars mil huit cent cinquante-deux , entre les Administrateurs de la Compagnie des Services Maritimes des Messageries Nationales (aujourd'hui Impériales), et divers Assureurs, il est aujourd'hui convenu ce qui suit : Par l'entremise de Nous, Maxime Estrangin , courtier d'assurances près la Bourse de Marseille, les Assureurs soussignés prennent chacun les risques qu'ils indiquent ci-après sur marchandises , espèces et autres valeurs , sur chacun des paquebots de la Compagnie des Services Maritimes des Messageries Impériales, pour huit mois de navigation, à partir du premier novembre prochain jusqu'au trente juin mil huit cent cinquante-huit. La dite assurance comprenant , de même qu'il a été convenu par advenant pour les polices précédentes, les risques entiers de chaque voyage commencé pendant le temps assuré, en prenant pour base les numéros des voyages de l'Administration, c'est-à-dire que la présente police n'aura son effet que pour les navires partis de Marseille depuis le premier novembre, et comprendra en entier l'assurance des navires partis en juin mil huit cent cinquante-huit, et qui rentreront après cette époque, en suivant toujours l'ordre des numéros de l'Administration. Toutefois , et par exception , se trouvent encore appliquées à la présente police toutes les sommes excédant un million sur les navires en cours de voyage et qui auraient été chargées après le onze octobre courant, sommes qui se trouveraient, d'après les polices existantes actuellement pour un million, (2) former un excédant de risque qui serait resté à la charge de l'Administration des Services Maritimes des Messageries Impériales. Font également partie des conditions de la présente police toutes les stipulations convenues pour les fixations des primes par divers advenants signés par les Assureurs signataires des polices auxquelles la présente fait suite et dont elle fait partie. La présente assurance porte sur les facultés généralement quelconques à charger dans l'espace de temps déterminé ci-dessus, et sera alimentée concurremment avec les sommes précédemment couvertes , tant à Paris qu'à Marseille , conformément à l'article treize de la police générale. La somme totale sur laquelle porte la présente police est de deux millions de francs.

Marseille , le 15 octobre 1857.

(Suivent les signatures pour la somme de deux cent soixante-cinq mille francs.)

———

(1) Une Police analogue a été signée à Paris le 10 octobre 1857, à la requête de l'Administration Centrale de la Compagnie, pour un risque de 735,000 fr. (*N. du Régl.*)

(2) V. la Police du 15 mars 1852, l'Advenant du 21 mars 1853 (pièce n° 3), et les Polices du 21 juin 1853 (pièce n° 4), du 17 juin 1854 (pièce n° 6), du 16 juin 1855 (pièce n° 9), du 27 juin 1856 (pièce n° 11), et du 20 juin 1857 (pièce n° 14). (*N. du Régl.*)

PIÈCE COMPLÉMENTAIRE N° 17.

—

Advenant du 24 octobre 1857

à la Police du 15 octobre 1857. (1)

—

(Explications concernant la Police du 15 octobre 1857.)

———

Advenant le vingt-quatre octobre mil huit cent cinquante-sept, par l'entremise de Nous, Maxime Estrangin, courtier, il est déclaré aux Assureurs soussignés, signataires de la Police ci-dessus indiquée, et pour plus amples explications à la dite Police, au sujet de la fixation du commencement des risques sur les diverses polices souscrites pour deux millions de francs sur facultés et à charger sur les bateaux des Messageries. La police souscrite à Marseille, pour deux cent soixante-cinq mille francs, ainsi que celle souscrite à Paris, de sept cent trente-cinq mille francs, commenceront à avoir leur effet concurremment avec les deux polices précédemment souscrites à Marseille et à Paris (2) (les quatre polices couvrant ensemble deux millions), sur toutes les sommes assurées sur les bateaux des Messageries, naviguant sur les lignes du Levant, d'Italie, de Grèce, d'Egypte, de Syrie, du Danube et de Trébizonde, qui auront commencé un voyage partant de Marseille ou de toute autre tête de ligne, à partir du premier novembre prochain.

Ces deux polices de 735,000 francs et de 265,000 francs couvrent en concurrence à partir du onze octobre les excédants que pourraient avoir les Messageries sur le premier million assuré sur les bateaux qui se sont trouvés en cours de voyage, depuis ce jour onze octobre, et qui ayant commencé leur voyage avant le premier novembre, rentreront à leur tête de ligne avant le numéro d'un voyage déjà commencé. D. L. C.

(Suivent les signatures.)

(1) Un Advenant analogue a été signé à Paris le 17 octobre 1857, à la requête de l'Administration Centrale de la Compagnie. (*N. du Régl.*)

(2) Polices des 20 et 15 juin 1857. V. pièce complémentaire n° 14. (*N. du Régl.*)

PIÈCE COMPLÉMENTAIRE N° 18.

—

Advenant du 31 octobre 1857

à la Police du 20 juin 1857. (1)

—

*(Notification de l'augmentation des risques aux Assureurs souscripteurs de la police
du 20 juin 1857.)*

———

Advenant le trente-un octobre mil huit cent cinquante-sept, par l'entremise de Nous,
Maxime Estrangin, courtier, les Administrateurs de la Compagnie des Services Maritimes
des Messageries Impériales, déclarent aux Assureurs soussignés signataires de la Police
ci-dessus indiquée, qu'en vertu de l'article treize de la police souscrite le 15 mars 1852,
à laquelle la dite police fait suite, ils ont fait couvrir par deux polices souscrites à Marseille et à Paris, une augmentation de un million de francs sur les marchandises chargées
à bord des bateaux de la dite Compagnie.

En conséquence de cette augmentation qui porte à deux millions la somme que l'Administration des Messageries peut engager en assurance sur chacun de ses bateaux, les
Assureurs soussignés prennent note que les quatre polices ensemble de deux millions,
entreront en concurrence et communauté, à partir du premier novembre mil huit cent
cinquante-sept. La communauté d'application aux quatre polices commencera sur tous les
navires partant de Marseille ou de toute autre tête de ligne, pour chaque voyage portant
un nouveau numéro de l'Administration, et continuera jusqu'à la fin de la police, comme
il a été fait jusqu'à ce jour sur les voyages entiers commencés avant le trente juin mil huit
cent cinquante-huit jusqu'à leur retour à leurs têtes de lignes, avec les numéros du voyage
commencé.

(Suivent les signatures.)

———

(1) Un Advenant analogue a été signé à Paris le 17 octobre 1857, à la requête de l'Administration
Centrale de la Compagnie. (*N. du Régl.*)

PIÈCE COMPLÉMENTAIRE N° 19.

—

Advenant du 31 décembre 1857 (1)

commun aux deux Polices du vingt juin 1857 et du quinze octobre 1857. (2)

—

(Assurances des espèces à destination d'Angleterre par Marseille.)

———

Sur la demande de l'Administration des Messageries Impériales, les Assureurs soussignés déclarent autoriser la dite Compagnie, soit ses Agents, à engager pour leur compte dans la police flottante, les assurances des espèces chargées dans les diverses Agences à destination de l'Angleterre, par Marseille, pour les risques de la traversée du Pas-de-Calais, et ce, moyennant une augmentation de prime fixée à cinq centimes pour cent francs. — L'engagement de ce risque devra être mentionné sur les Connaissements, et la prime portée en augmentation de celle fixée pour Marseille, par les tarifs établis par les polices.

Marseille, le trente et un décembre 1857.

(Suivent les signatures.)

———

PIÈCE COMPLÉMENTAIRE N° 20.

—

Police du 24 juin 1858. (3)

—

(La police du 24 juin 1858 a purement et simplement renouvelé, pour l'année 1858-1859 et un risque de 765,000 francs, les conditions précédemment établies.)

———

(1) Un Advenant analogue a été signé à Paris le 28 décembre 1857, à la requête de l'Administration Centrale de la Compagnie. (*N. du Règl.*)

(2) V. Pièces complémentaires n° 14 et 16. (*N. du Règl.*)

(3) Une Police analogue a été signée à Paris le 21 juin 1858, à la requête de l'Administration Centrale de la Compagnie, pour un risque de 1,235,000 fr. (*N. du Règl.*)

PIÈCE COMPLÉMENTAIRE N° 21.

—

Advenant du 27 mai 1859
à la Police du 24 juin 1858. (1)

—

(Envois d'Odessa et pour Odessa.)

———

Advenant le vingt-sept mai mil huit cent cinquante-neuf, par l'entremise de Nous, Maxime Estrangin, courtier, l'Administration des Services Maritimes des Messageries Impériales déclare aux Assureurs soussignés, que les facultés chargées sur ses bateaux en destination d'Odessa, sont transbordées à Constantinople sur d'autres bateaux à vapeur réguliers appartenant à la Compagnie Russe de navigation. Sur la demande qui leur en est faite, les Assureurs soussignés consentent à ce que la Police d'abonnement sus-relatée courre les risques sur facultés chargées pour Odessa et à Odessa (et transbordées dans ces conditions) en appliquant les mêmes primes que celles prévues pour Trébizonde par le Tarif général des Services Maritimes des Messageries Impériales.

(*Suivent les signatures.*)

———

PIÈCE COMPLÉMENTAIRE N° 22.

—

Police du 16 juin 1859. (2)

—

(La police du 16 juin 1859 a purement et simplement renouvelé, pour l'année 1859-1860 et un risque de 775,000 francs, les conditions précédemment établies.)

———

(1) Un Advenant analogue a été signé à Paris le 20 mai 1859, à la requête de l'Administration Centrale de la Compagnie. (*N. du Règl.*)

(2) Une Police analogue a été signée à Paris le 20 juin 1859, à la requête de l'Administration Centrale de la Compagnie, pour un risque de 1.225,000 fr. (*N. du Règl.*)

PIÈCE COMPLÉMENTAIRE N° 23

—

Advenant du 8 juillet 1859

à la Police du 16 juin 1859. (1)

—

(Risques sur marchandises venant de Salonique et Volo ou expédiées vers ces ports.)

———

Entre Monsieur le Directeur de l'Exploitation des Services Maritimes des Messageries Impériales et les Assureurs soussignés, signataires de la Police ci-dessus mentionnée, il a été convenu que les primes sur les lignes ci-après indiquées seraient à l'avenir perçues, c'est-à-dire pour les voyages appliqués à la dite Police, suivant le supplément de Tarif ci-après, savoir :

De Salonique et de Volo aux ports ci-après et vice-versâ, savoir,

	Été			Hiver	
Marseille	quarante-cinq centimes. .	0 45	soixante centimes.	0 60
Gênes	quarante-cinq centimes. .	0 45	soixante centimes. . . .	0 60
Livourne	quarante-cinq centimes. .	0 45	soixante centimes.	0 60
Civita-Vecchia. .	quarante-cinq centimes. .	0 45	soixante centimes.	0 60
Naples	quarante-cinq centimes. .	0 45	soixante centimes.	0 60
Messine	quarante-cinq centimes. .	0 45	soixante centimes.	0 60
Malte	quarante-cinq centimes. .	0 45	soixante centimes.	0 60
Pyrée (sic) . . .	quarante centimes	0 40	cinquante centimes. . . .	0 50
Syra.	quarante centimes	0 40	cinquante centimes. . . .	0 50
Smyrne	quarante centimes	0 40	cinquante centimes. . . .	0 50
Métclin	quarante centimes	0 40	cinquante centimes. . . .	0 50
Dardanelles . . .	trente-huit centimes . . .	0 38	cinquante centimes. . . .	0 50
Gallipoli	trente-huit centimes . . .	0 38	cinquante centimes. . . .	0 50
Constantinople .	trente-huit centimes . . .	0 38	cinquante centimes. . . .	0 50
Alexandric . .	quarante centimes	0 40	cinquante centimes. . . .	0 50
Rhodes.	quarante centimes	0 40	cinquante centimes. . . .	0 50
Mersina.	quarante centimes	0 40	cinquante centimes. . . .	0 50
Alexandrette . .	quarante centimes	0 40	cinquante centimes. . . .	0 50
Latakié	quarante centimes	0 40	cinquante centimes. . . .	0 50
Tripoli	quarante centimes	0 40	cinquante centimes. . . .	0 50
Beyrouth	quarante centimes	0 40	cinquante centimes. . . .	0 50
Jaffa.	quarante centimes	0 40	cinquante centimes. . . .	0 50
Salonique	vingt-cinq centimes . . .	0 25	trente-huit centimes . .	0 38
Volo.	vingt-cinq centimes . . .	0 25	trente-huit centimes . .	0 38
Nauplie	quarante centimes	0 40	cinquante centimes. . . .	0 50
Calamata	quarante centimes	0 40	cinquante centimes	0 50
Chalcis	quarante centimes	0 40	cinquante centimes	0 50

(1) Un Advenant analogue a été signé à Paris le 14 juillet 1859, à la requête de l'Administration Centrale de la Compagnie. (*N. du Régl.*)

	Été.	Hiver.	ADVENANT DU 8 JUILLET 1859.
Burgas	soixante-et-quinze cent. . 0 75	un franc. . . . . 1 »	
Varna.	soixante-et-quinze cent. . 0 75	un franc. . . . . . . , . . 1 »	
Sulina.	soixante-et-quinze cent. . 0 75	un franc vingt-cinq cent. 1 25	
Toultscha . . .	soixante-et-quinze cent. . 0 75	un franc vingt-cinq cent. 1 25	
Galatz.	soixante-et-quinze cent. . 0 75	un franc vingt-cinq cent. 1 25	
Ibraïla	soixante-et-quinze cent. . 0 75	un franc vingt-cinq cent. 1 25	
Amastra. . . .	soixante-et-quinze cent. . 0 75	un franc. . . . . 1 »	
Inéboli.	soixante-et-quinze cent. . 0 75	un franc. . . . . 1 »	
Sinope.	soixante-et-quinze cent. . 0 75	un franc. . . . . 1 »	
Samsoun . . .	soixante-et-quinze cent. . 0 75	un franc . . . . 1 »	
Onnich	soixante-et-quinze cent. . 0 75	un franc. . . . . 1 »	
Ordou.	soixante-et-quinze cent. . 0 75	un franc. . . . . 1 »	
Kérassunde . . .	soixante-et-quinze cent. . 0 75	un franc. . . . . 1 »	
Trébizonde . . .	soixante-et-quinze cent. . 0 75	un franc. . . . . 1 »	

La prime sur les espèces, diamants, perles, essences de roses et cuivres en pains, reste fixée à un quart pour cent (1/4 o/o) pour tous les voyages, excepté ceux de la Mer Noire, pour lesquels elle sera établie conformément à l'Advenant du vingt-trois juin dix-huit cent cinquante-sept (1). Les primes pour les échelles d'Amastra, Onnich et Ordou sont fixées au même taux que celles des ports voisins d'Inéboli, Samsoun et Trébizonde.

Fait à Marseille, le huit juillet dix-huit cent cinquante-neuf, par l'entremise de Nous, Maxime Estrangin, courtier.

(Suivent les signatures.)

PIÈCE COMPLÉMENTAIRE N° 24.

—

Police du 27 juin 1860. (2)

—

(La police du 27 juin 1860 a purement et simplement renouvelé, pour l'année 1860-1861 et un risque de 775,000 francs, les conditions précédemment établies.)

---

(1) *Sic*; il faut lire 20 juin 1857. V. pièce complémentaire n° 15. (*N. du Régl.*)

(2) Une Police analogue a été signée à Paris le 27 juin 1860, à la requête de l'Administration Centrale de la Compagnie, pour un risque de 1,225,000 fr. (*N. du Régl.*)

PIÈCE COMPLÉMENTAIRE N° 25.

—

Advenant du 13 octobre 1860

à la Police du 27 juin 1860. (1)

—

(Assurances des pierreries, bijouteries, etc., à destination d'Angleterre.)

Advenant le treize octobre mil huit cent soixante, par l'entremise de Nous, Maxime Estrangin, courtier, sur la demande de l'Administration des Services Maritimes des Messageries Impériales, il a été convenu entre l'Administration et les Assureurs soussignés, signataires de la Police flottante ci-dessus mentionnée, que de même que pour les espèces, l'Administration des Messageries est autorisée à admettre l'assurance pour le passage de la Manche, des diamants, perles, essences de roses et cuivres en pains, etc., aux mêmes conditions de primes que pour les espèces. Pourront être également assurés, avec la même augmentation de prime, les objets désignés sous le nom de pierreries, bijouterie, argenterie, médailles antiques et tous autres objets précieux qui, d'après le Tarif général de primes, payent la prime des marchandises.

L'assurance pour l'Angleterre pourra être engagée sur les Connaissements, au lieu du départ, elle pourra aussi lorsque l'assurance n'aura été faite que jusqu'à Marseille sur les Connaissements, être prolongée jusqu'en Angleterre par un avis donné par le Directeur des Services Maritimes des Messageries à Messieurs Dubernad et E. Estrangin, représentants des Assureurs.

(Suivent les signatures.)

PIÈCE COMPLÉMENTAIRE N° 26.

—

Police du 24 juin 1861. (2)

—

(Renouvellement de la Police. Risques portés de deux millions à deux millions cinq cent mille francs.)

A toutes les clauses, conditions et primes établies dans la police souscrite le quinze mars mil huit cent cinquante-deux, entre les Administrateurs de la Compagnie des Services

(1) Un Advenant analogue a été signé à Paris le 15 octobre 1860, à la requête de l'Administration Centrale de la Compagnie. (*N. du Régl.*)

(2) Une Police analogue a été signée à Paris le 28 juin 1861, à la requête de l'Administration Centrale de la Compagnie, pour un risque de 1,500,000 fr. (*N. du Régl.*)

Maritimes des Messageries Nationales (aujourd'hui Impériales) et divers Assureurs, il est aujourd'hui convenu ce qui suit : Par l'entremise de Nous, Maxime Estrangin, courtier d'assurances près la Bourse de Marseille, les Assureurs soussignés prennent chacun les risques qu'ils indiquent ci-après sur chacun des paquebots de la Compagnie des Services Maritimes des Messageries Impériales pour un an de navigation, à partir du premier juillet prochain. La dite assurance comprenant de même qu'il a été convenu par advenants pour les polices précédentes, les risques entiers de chaque voyage commencé pendant le cours de l'année pour laquelle l'assurance est faite, en prenant pour base les numéros des voyages de l'Administration. Font également partie des conditions de la présente police, toutes les stipulations convenues, soit par des changements de primes, soit pour toutes autres modifications apportées par divers advenants signés par les Assureurs souscripteurs des polices auxquelles la présente fait suite. Il est convenu qu'il ne sera pas fait de la présente police des dépôts aux greffes des Tribunaux ni aux Chancelleries, ceux qui ont été faits de la police souscrite le quinze mars mil huit cent cinquante-deux étant reconnus suffisants par les parties. Un exemplaire de la dite police sera paraphé par Messieurs Eugène Estrangin et Armand Dubernad, représentants des Assureurs, et par le Directeur à Marseille de la Compagnie des Services Maritimes des Messageries Impériales, et sera joint à la présente. L'Administration des Messageries Impériales déclare que les polices faites à Marseille et à Paris qui s'élevaient ensemble à la somme de deux millions seront portées ensemble à deux millions cinq cent mille francs.

Marseille, le 24 juin 1861.

(Suivent les signatures pour un million de francs.)

PIÈCE COMPLÉMENTAIRE N° 27.

—

Advenant du 3 juillet 1861

à la Police du 24 juin 1861. (1)

—

(Service de Palerme.)

Advenant le trois juillet mil huit cent soixante-un, par l'entremise de Nous, Maxime Estrangin, courtier, Monsieur le Directeur de l'Exploitation des Services Maritimes des Messageries Impériales, déclare aux Assureurs soussignés, signataires de la police ci-dessus indiquée, que l'escale de Palerme doit être comprise prochainement dans les itinéraires des bateaux de la Compagnie. En conséquence, il est convenu que la prime qui devra être perçue par Palerme est fixée pour aller de Palerme dans tous les autres points de la ligne et de ces points à Palerme au même taux que les primes fixées par Messine. La prime de Messine à Palerme et vice-versâ est fixée à vingt centimes en été et à vingt-cinq en hiver. D. L. C.

(Suivent les signatures.)

(1) Un Advenant analogue a été signé à Paris le 5 juillet 1861, à la requête de l'Administration Centrale de la Compagnie. (*N. du Régl.*)

Police flottante d'Assurance sur Marchandises

pour les lignes d'Algérie et de Tunis

(ANNEXE N° XII DU RÈGLEMENT DES AGENCES, SOUS-AGENCES ET BUREAUX DE CORRESPONDANCE).

Par la présente Police faite par l'entremise de M° Maxime Estrangin, courtier, il est convenu entre les Administrateurs de la Compagnie des Services Maritimes des Messageries Impériales, représentés à Marseille par le Directeur des mêmes Services, et les Assureurs soussignés, de ce qui suit :

ARTICLE PREMIER. — Chacun des assureurs soussignés autorise la Compagnie des Services Maritimes des Messageries Impériales à assurer pour son compte chacun à prorata de la somme qu'il indique dans sa signature, et sans solidarité entr'eux, les marchandises, espèces ou valeurs quelconques que les chargeurs voudront faire assurer sur les bateaux à vapeur de la dite Compagnie des Services Maritimes des Messageries Impériales.

ART. 2. — La Compagnie des Messageries, ou pour elle ses Agents, engagera les Assureurs soussignés, à l'égard des chargeurs pour l'acceptation de la déclaration qui sera faite par ceux-ci sur les connaissements, lettres de voiture ou toute autre pièce constatant le chargement. D'après la déclaration des chargeurs, la somme pour laquelle la marchandise est assurée sera portée sur le connaissement ou lettre de voiture, et la valeur énoncée sera la somme pour laquelle la marchandise est assurée, valeur acceptée par les assureurs et convenue de gré à gré entre les parties.

ART. 3. — Les Assureurs acceptent tous les risques sur les bateaux de la Compagnie des Messageries sur les lignes d'Algérie, savoir : d'Oran, d'Alger, de Bône, de Philippe-ville et Tunis, et sur toutes autres lignes qui seraient établies ultérieurement se ratta-chant à celles-ci, et sur tous autres bateaux qui, n'appartenant pas à la Compagnie, seraient affectés à son service.

Les Assureurs demeurent également responsables des risques courus en vertu de la présente Police, quand bien même l'itinéraire actuel des lignes desservies serait modifié, ou bien encore dans le cas où les paquebots accompliraient des voyages supplémentaires en dehors de ceux auxquels la Compagnie est obligée en conformité de ses contrats avec le Gouvernement.

Les conditions resteraient dans ce cas les mêmes pour les stations actuellement desser-vies, et de nouveaux accords règleraient, soit antérieurement, soit postérieurement au voyage accompli, les primes dûes aux Assureurs pour les ports non désignés dans les tableaux ci-après.

ART. 4. — Les Assureurs autorisent toutes relâches, tout déroutement, même rétrograde, et tout transbordement occasionnés par les besoins ordinaires ou extraordinaires des services de l'entreprise des Messageries.

ART. 5. — Sur les états dressés pour chaque voyage par la Compagnie ou ses Agents pour constater les marchandises transportées et les frets recouvrés, il sera établi deux colonnes mentionnant, l'une les sommes assurées, l'autre les primes y relatives.

ART. 6. — Ces états, reçus par la Direction de Marseille, seront communiqués mois par mois aux mandataires des Assureurs. Le compte des primes règlé entre ces mandataires et la Direction leur sera payé sur leur quittance. La Compagnie se charge du recouvrement partiel des primes; elle en est responsable aux Assureurs.

ART. 7. — Les Assurances engagées par la Compagnie pour compte des Assureurs soussignés, le seront aux clauses générales ci-après :

Conditions générales.

ART. 8. — § 1er. Les Assureurs prennent à leurs risques toutes pertes et dommages provenant de tempête, naufrage, échouement, abordage fortuit, changement forcé de route, de voyage ou de vaisseau, jet, feu, pillage, piraterie, et généralement de tous accidents et fortunes de mer ; enfin, et par convention expresse, les prévarications et fautes du Capitaine et de l'équipage connues sous le nom de baraterie de patron.

§ 2. Les Assureurs sont exempts de tous risques de guerre, hostilités, représailles, arrêts par ordre de puissance, interdiction de commerce, blocus, capture, confiscations et molestations quelconques de gouvernements amis ou ennemis, reconnus ou non reconnus, et généralement de tous risques de guerre. Ils sont également exempts de tous évènements quelconques résultant de la violation de blocus, de contrebande ou de commerce prohibé ou clandestin, de la part de qui que ce soit, du vice propre de la chose assurée et de tous frais d'hivernage, de quarantaine et jours de planche. Ces exemptions subsisteront lors même que les pertes et dommages proviendraient de baraterie.

§ 3. Les risques sur marchandises ou espèces courent du moment de leur embarquement et finissent au moment de leur mise à terre au lieu de la destination. Les risques d'allèges et de gabarre, tant à l'embarquement qu'au débarquement, sont à la charge des Assureurs. Il est permis au Capitaine d'alléger, transborder et recharger dans les fleuves et rivières, de même que pour l'entrée et la sortie des Lazarets.

§ 4. Hors le cas de survenance de guerre pendant le voyage assuré, les délais établis par l'article 375 du Code de Commerce, pour le délaissement à défaut de nouvelles, sont réduits à six mois.

§ 5. Les Assureurs rembourseront intégralement les avaries grosses ou communes.

§ 6. Les Assureurs ne sont pas garants du coulage et de tous frais quelconques faits pour le prévenir ou le réparer sur les liquides, graisses, mélasses et suifs, non plus que de la mort des animaux, quelle qu'en soit la cause; et de la rupture des objets fragiles.

§ 7. En cas d'avaries particulières sur toutes marchandises, les Assureurs ne paient que l'excédant de deux pour cent. Cette franchise ne se prélève que sur les avaries matérielles et frais accessoires. Les avaries particulières qui ne se composent que de frais étrangers aux dommages matériels ou qui proviennent d'une contribution proportionnelle, sont règlées séparément, et remboursées sous la retenue d'un pour cent de la somme assurée, et cela indépendamment des avaries particulières matérielles.

§ 8. Lorsque, dans les cas qui donnent lieu au délaissement, l'assuré profitant des dispositions de l'article 409 du Code de Commerce, exercera l'action d'avarie, et dans le cas aussi de l'article 393 du même Code, les Assureurs jouiront de la franchise ou retenue partielle stipulée dans l'article ci-dessus.

§ 9. Si les marchandises sont assurées par séries, les séries ne seront jamais règlées autrement que par ordre de numéros ou de lettres, et il ne sera admis aucune série d'une valeur moindre de mille francs ; toute fraction de série sera jointe à la série précédente et en augmentera la valeur. Néanmoins, toute assurance est faite divisément pour chaque espèce et qualité de marchandise et pour chaque pour compte dûment justifié, chaque espèce de marchandises, chaque pour compte et chaque série formant toujours un capital distinct et séparé, comme s'il y avait autant de polices que de séries.

La quotité des avaries particulières sur marchandises est déterminée par la comparaison de la valeur au brut qu'aurait eue la marchandise en état sain au jour de l'estimation ou de la vente avec la valeur au brut de la partie avariée estimée par experts ou constatée par la vente aux enchères publiques, sans aucune déduction de droits, frets ou autres frais.

En cas d'avaries particulières sur grains, graines, légumes, farines, laines, denrées coloniales, drogueries, teintures, épiceries, cuirs ou peaux en destination pour Marseille, la partie avariée sera vendue aux enchères publiques pour en déterminer la valeur. L'existence et les causes de l'avarie seront constatées par une expertise préalable ; la dite expertise, la vente et la fixation du prix en état sain de la marchandise avariée ne seront obligatoires pour les Assureurs que lorsqu'elles auront été faites par des experts ou courtiers contradictoirement nommés.

L'assuré supportera le prorata à tous frais de constatation et d'expertise sur les séries dont l'avarie n'excèdera pas la franchise.

§ 10. Les sommes souscrites par chaque Assureur sont la limite de ses engagements ; il ne peut jamais être tenu de payer au-delà de la somme assurée.

§ 11. Il est convenu que le Capitaine pourra être reçu ou non reçu, ou remplacé par tout autre, et que la manière dont son nom est orthographié ne préjudicie pas à l'assurance.

§ 12. Les Assureurs et les assurés, chacun en ce qui le concerne, s'engagent à se conformer aux lois et règlements maritimes en vigueur, en ce qui n'y est pas dérogé par la présente Police.

§ 13. La présente Police est faite et consentie pour être exécutée franchement et de bonne foi, les parties renonçant réciproquement à la présomption légale de la lieue et demie par heure.

Les assurés déclarent faire tout assurer, la prime, la prime des primes et l'escompte.

ART. 9. — Le règlement des avaries particulières sera fait divisément sur chaque colis dont la valeur sera de mille francs au moins, et sur les colis d'une moindre valeur par séries de mille francs au moins, en se conformant au paragraphe 9 de l'article 8 ci-dessus, sauf les colis isolés, qui formeront nécessairement un seul capital, quelque minime que soit leur valeur.

ART. 10. — La Compagnie fera payer aux chargeurs, pour en tenir compte aux Assureurs, les primes aux taux ci-après établis :

Pour aller des uns aux autres des ports ci-après désignés et vice-versâ, pendant les six mois d'été, du premier avril au trente septembre,

de Marseille à Alger, vingt-cinq centimes pour cent sur marchandises et quinze centimes pour les espèces,

de Marseille à Oran, vingt-cinq centimes pour cent sur marchandises et quinze centimes pour les espèces,

de Marseille à Philippeville, vingt-cinq centimes pour cent sur marchandises et quinze centimes pour les espèces,

de Marseille à Bône, vingt-cinq centimes pour cent sur marchandises et quinze centimes pour les espèces,

de Marseille à Tunis, trente centimes pour cent sur les marchandises et quinze centimes pour les espèces,

de Philippeville à Bône, quinze centimes pour cent sur les marchandises et quinze centimes pour les espèces,

de Philippeville à Tunis, quinze centimes pour cent sur les marchandises et quinze centimes pour les espèces,

de Bône à Tunis, quinze centimes pour cent sur les marchandises et quinze centimes pour les espèces ;

Pour aller des uns aux autres des ports ci-après désignés et vice-versâ, pendant les six mois d'hiver, du premier octobre au trente-et-un mars,

de Marseille à Alger, quarante centimes pour cent sur les marchandises et vingt-cinq centimes pour les espèces,

de Marseille à Oran, quarante centimes pour cent sur les marchandises et vingt-cinq centimes pour les espèces,

de Marseille à Philippeville, quarante centimes pour cent sur les marchandises et vingt-cinq centimes pour les espèces,

de Marseille à Bône, quarante centimes pour cent sur les marchandises et vingt-cinq centimes pour les espèces,

de Marseille à Tunis, cinquante centimes pour cent sur les marchandises et vingt-cinq centimes pour les espèces,

de Philippeville à Bône, vingt-cinq centimes pour cent sur les marchandises et vingt-cinq centimes pour les espèces,

de Philippeville à Tunis, vingt-cinq centimes pour cent sur les marchandises et vingt-cinq centimes pour les espèces,

de Bône à Tunis, vingt-cinq centimes pour cent sur les marchandises et vingt-cinq centimes pour les espèces.

Sont assimilés aux espèces, pour jouir des mêmes primes, les matières d'or ou d'argent, les diamants, perles, essence de rose et cuivres en pains.

ART. 11. — Les Compagnies d'assurances maritimes et Assureurs soussignés indiquant par leur signature le maximum de la somme qu'ils autorisent la Compagnie à engager, sans aucune solidarité entr'eux, sur chaque navire et à chaque voyage, n'entendent, dans aucun cas, qu'il puisse se trouver en risque, sur le même navire, une somme excédant celle indiquée dans leur signature.

La somme assurée par la présente Police est fixée en maximum, par chaque bateau, à cinq cent mille francs. (1)

ART. 12. — Dans le cas où, par erreur, les risques arrêtés par les Agents s'élèveraient à une somme plus forte, la Compagnie resterait assureur pour son compte de cet excédant. La prime y afférant serait acquise à la Compagnie des Messageries Impériales, qui, en cas de sinistre, entrerait à proportion de son découvert dans le paiement des indemnités dûes aux chargeurs.

ART. 13. — Les sommes chargées et prises en risques seront réparties au marc le franc entre tous les Assureurs signataires de la présente convention, à prorata des sommes souscrites par chacun. Il est convenu que si la Compagnie des Messageries trouvait que la somme pour laquelle les Assureurs soussignés sont engagés est insuffisante pour couvrir d'habitude les assurances demandées par les chargeurs, cette Compagnie aurait le droit, en souscrivant avec de nouveaux assureurs une convention pareille à la présente, d'y insérer une clause par laquelle la nouvelle convention entrerait, quelle que fût sa date, en concurrence avec la présente pour la répartition des risques entre tous les Assureurs signataires des diverses Polices.

La Compagnie devra faire connaître cette augmentation d'assurance aux Assureurs soussignés, et dans le cas où il serait accordé aux nouveaux Assureurs des conditions plus avantageuses ou des primes plus élevées que celles stipulées dans la présente Police, il serait accordé aux Assureurs soussignés les mêmes avantages.

ART. 14. — La Compagnie s'engage à faire payer par ses Agents et pour compte des Assureurs, dans les lieux de destination autres que Marseille, toutes les avaries qui n'excèderont pas trois pour cent en sus de la franchise. Les Assureurs soussignés autorisent lesdits Agents à faire avec les chargeurs, et ils s'engagent à rembourser sans discussion à la Compagnie, à la fin de chaque mois, les avaries payées par ses Agents.

Quant aux avaries excédant le taux ci-dessus, les Agents de la Compagnie sont autorisés seulement à les constater, sans aucune formalité judiciaire, et le règlement en sera fait à Marseille entre les assurés ou la Compagnie des Messageries pour eux et les mandataires des Assureurs, pour le paiement être fait un mois après la production des pièces.

Les sinistres majeurs, ou perte d'objets assurés, seront payés de la même manière, sous l'escompte de trois pour cent; le montant de ces sinistres (pertes et avaries) sera établi par un règlement fait avec les mandataires des Assureurs, et ceux-ci remettront, sous leur garantie, aux assurés des mandats sur chacun des Assureurs pour la somme qu'il aura à payer.

ART. 15. — Les opérations confiées aux Agents par les deux articles qui précèdent ne pourront, dans aucun cas, engager la responsabilité de la Compagnie.

ART. 16. — La Compagnie des Messageries Impériales, n'entendant accepter dans la présente police ni le rôle d'assuré ni celui d'assureur, n'assume sur elle ni plus ni moins de responsabilité que si les assurances qui seront engagées en vertu de la présente police eussent été faites entre les chargeurs assurés et les Assureurs par un contrat auquel elle

(1) V. Pièces complémentaires n°° 1, 2 et 4. (N. du Règl.)

fût étrangère, et qui conserverait aux Assureurs tous les droits des chargeurs lorsqu'ils y seraient substitués.

ART. 17. — Les Assureurs nomment Messieurs Armand Dubernad et Eugène Estrangin pour les représenter et être leurs mandataires auprès de la Compagnie des Messageries Impériales pour tout ce qui a rapport à l'exécution de la présente Police. Les Assureurs approuvant tous les règlements que feront ces mandataires comme définitifs, et sous promesse de relèvement et garantie ; les dits mandataires n'étant d'ailleurs nullement responsables des paiements dûs par les autres Assureurs.

Les Assureurs non domiciliés à Marseille font élection de domicile, pour tout ce qui est relatif à la présente Police, chez M. Armand Dubernad, demeurant à Marseille, rue Saint-Ferréol, n° 54.

ART. 18. — La prime de toute assurance mentionnée sur le connaissement et sur les états d'administration sera acquise dans tous les cas aux Assureurs lorsque le chargement de la marchandise aura été effectué.

ART. 19. — Sur toutes les primes que la Compagnie des Services Maritimes des Messageries Impériales encaissera pour le compte des Assureurs, elle retiendra un escompte de cinq pour cent en indemnité des frais, imprimés, port de lettres et autres, auxquels la soumettra l'exécution de la présente Police.

ART. 20. — La durée de la présente police est fixée à un an : pour commencer le premier septembre dix-huit cent cinquante-quatre et finir le trente-et-un août dix-huit cent cinquante-cinq. (1)

ART. 21. — Une copie certifiée du présent acte sera déposée aux Greffes des Tribunaux de Commerce de Marseille, des ports d'Alger, d'Oran, de Philippeville et de Bône, et à la chancellerie du consulat de France à Tunis.

(*Suivent les signatures.*)

Nous Maxime Estrangin, courtier d'assurances près la Bourse de Marseille, avons clos et fermé la présente Police pour la somme de cinq cent mille francs sur chaque navire, du consentement des parties.

Marseille, le 22 août mil huit cent cinquante-quatre, après midi. D. L. C.

M. ESTRANGIN.

(1) A été renouvelée par des Polices successives, ainsi qu'il est indiqué à la Pièce complémentaire n° 1. (*N. du Régl.*)

PIÈCES COMPLÉMENTAIRES.

(Polices et Advenants qui ont renouvelé ou modifié la Police flottante d'Assurance sur Marchandises des lignes d'Algérie et de Tunis.)

PIÈCE COMPLÉMENTAIRE Nº 1.

Police du 28 septembre 1855.

(Changement du point de départ des Polices. Modification de primes et des risques.)

A toutes les clauses, conditions et primes (sauf les changements convenus ci-après) établies dans la police souscrite le vingt-deux août dix-huit cent cinquante-quatre entre les Administrateurs de la Compagnie des Services Maritimes des Messageries Impériales et divers Assureurs, il est aujourd'hui convenu ce qui suit : — Par l'entremise de Mᵉ Maxime Estrangin, courtier d'assurances près la Bourse de Marseille, les Assureurs soussignés prennent chacun les risques qu'ils indiquent ci-après sur chacun des paquebots de la Compagnie des Services Maritimes des Messageries Impériales, pendant un an, à partir du 1ᵉʳ octobre prochain jusqu'au trente septembre dix-huit cent cinquante-six (1). La dite assurance comprenant, de même qu'il a été convenu par Advenants pour la police précédente, les risques entiers de chaque voyage commencé pendant le cours de l'année pour laquelle l'assurance est faite en prenant pour base les numéros des voyages de l'Administration. Il est convenu qu'il ne sera pas fait de la présente police des dépôts aux greffes des tribunaux ou chancelleries, ceux qui ont été faits de la police souscrite le vingt-deux août dix-huit cent cinquante-quatre étant reconnus suffisants par les parties. Un exemplaire de la dite police sera paraphé par Messieurs Eugène Estrangin et Armand Dubernad, représentants des Assureurs, et par le Directeur à Marseille de la Compagnie des Services Maritimes des Messageries Impériales, et sera joint à la présente. Le tarif des primes établi dans la police du vingt-deux août dix-huit cent cinquante-quatre est modifié pour les voyages suivants, savoir : — dans le tarif d'été les primes pour les voyages de Marseille à Bône et à Philippeville et vice-versâ, – sur marchandises, trente centimes, pour les voyages de Marseille à Philippeville, à Bône et à Tunis et vice-versâ, – sur les espèces, vingt centi-

---

(1) La Police du 22 août 1854, modifiée par la police du 28 septembre 1855, a été renouvelée successivement d'année en année par les Polices en date des 29 septembre 1856, 27 novembre 1857, 29 septembre 1858, 24 septembre 1859, 28 septembre 1860 et 22 septembre 1861. V. pièces complémentaires nᵒˢ 2, 3, 4, 6, 7 et 9. (*N. du Régl.*)

POLICE DU
28 SEPTEMBRE 1855.
—

mes;—dans le tarif d'hiver,-pour les voyages de Marseille à Philippeville et vice-versâ, sur marchandises, cinquante centimes; pour les voyages de Marseille à Bône et Tunis et vice-versâ, sur marchandises, soixante-quinze centimes; - pour les voyages de Marseille à Philippeville et vice-versâ, sur espèces, trente centimes; pour les voyages de Marseille à Bône et Tunis et vice-versâ, sur espèces, quarante-cinq centimes. Les parties se réservent mutuellement la faculté de résilier la présente police par une déclaration faite un mois à l'avance.

Marseille, le 28 septembre 1855.

(Suivent les signatures pour trois cent cinquante mille francs.)

PIÈCE COMPLÉMENTAIRE N° 2.

—

Police du 29 septembre 1856.

—

(Renouvellement de la Police. Modification des risques.)

A toutes les clauses, conditions et primes (sauf les changements convenus) établies dans la police souscrite le vingt-deux août mil huit cent cinquante-quatre entre les Administrateurs de la Compagnie des Services Maritimes des Messageries Impériales et divers Assureurs, il est aujourd'hui convenu ce qui suit : — Par l'entremise de M' Maxime Estrangin, courtier d'assurances près la Bourse de Marseille, les Assureurs soussignés prennent chacun les risques qu'ils indiquent ci-après sur chacun des paquebots de la Compagnie des Services Maritimes des Messageries Impériales, pendant un an, à partir du premier octobre prochain jusqu'au trente septembre mil huit cent cinquante-sept. La dite assurance comprenant, de même qu'il a été convenu par advenants pour la police précédente, les risques entiers de chaque voyage commencé pendant le cours de l'année pour laquelle l'assurance est faite, en prenant pour base les numéros des voyages de l'Administration. Il est convenu qu'il ne sera pas fait de la présente police des dépôts aux greffes des Tribunaux ou Chancelleries, ceux qui ont été faits de la police souscrite le vingt-deux août mil huit cent cinquante-quatre étant reconnus suffisants par les parties. Un exemplaire de la dite police sera paraphé par Messieurs Eugène Estrangin et Armand Dubernad, représentants des Assureurs, et par le Directeur à Marseille de la Compagnie des Services Maritimes des Messageries Impériales, et sera joint à la présente. Le tarif de primes rectifiant celui de la police du vingt-deux août mil huit cent cinquante-quatre (1), servira de base à la présente police.

Marseille, le 29 septembre 1856.

(Suivent les signatures pour trois cent soixante mille francs.)

(1) Police du 28 septembre 1855. V. pièce complémentaire n° 1. *(N. du Règl.)*

PIÈCE COMPLÉMENTAIRE N° 3.

—

Police du 27 novembre 1857.

(La police du 27 novembre 1857 a purement et simplement renouvelé, pour l'année 1857-1858 et un risque de 360,000 francs, les conditions précédemment établies.)

PIÈCE COMPLÉMENTAIRE N° 4.

—

Police du 29 septembre 1858.

—

(Renouvellement de la Police. Modification des risques.)

A toutes les clauses, conditions et primes (sauf les changements convenus) établies dans la police souscrite le vingt-deux août mil huit cent cinquante-quatre entre les Administrateurs de la Compagnie des Services Maritimes des Messageries Impériales et divers Assureurs, il est aujourd'hui convenu ce qui suit : — Par l'entremise de M° Maxime Estrangin, courtier d'assurances près la Bourse de Marseille, les Assureurs soussignés prennent chacun les risques qu'ils indiquent ci-après sur chacun des paquebots de la Compagnie des Services Maritimes des Messageries Impériales, pendant un an, à partir du premier octobre prochain jusqu'au trente septembre mil huit cent cinquante-neuf. La dite assurance comprenant, de même qu'il a été convenu par advenants pour la police précédente, les risques entiers de chaque voyage commencé pendant le cours de l'année pour laquelle l'assurance est faite, en prenant pour base les numéros des voyages de l'Administration. Il est convenu qu'il ne sera pas fait de la présente police des dépôts aux greffes des Tribunaux ou Chancelleries, ceux qui ont été faits de la police souscrite le vingt-deux août mil huit cent cinquante-quatre étant reconnus suffisants par les parties. Un exemplaire de la dite police sera paraphé par Messieurs Eugène Estrangin et Armand Dubernad, représentants des Assureurs, et par le Directeur à Marseille de la Compagnie des Services Maritimes des Messageries Impériales, et sera joint à la présente. Le tarif des primes rectifiant celui de la police du vingt-deux août mil huit cent cinquante-quatre (1) servira de base à la présente police.

Marseille, le 29 septembre 1858.

(Suivent les signatures pour quatre cent mille francs.)

(1) Police du 28 septembre 1855. V. pièce complémentaire n° 1. *(N. du Régl.)*

PIÈCE COMPLÉMENTAIRE N° 5.

—

Advenant du 31 décembre 1858

à la Police du 29 septembre 1858.

—

(*Service d'Alicante.*)

———

Advenant le trente-un décembre mil huit cent cinquante-huit, par l'entremise de Nous, Maxime Estrangin, courtier, Monsieur le Directeur à Marseille des Services Maritimes des Messageries Impériales, déclare aux Assureurs soussignés, signataires de la police ci-dessus indiquée, que la dite Administration vient d'établir un supplément de service sur la ligne de Marseille à Oran ; le dit supplément consiste à faire toucher à Alicante (1), tant en allant qu'en revenant, les bateaux de la Compagnie, qui précédemment faisaient direc-tement le service de Marseille à Oran. En conséquence, les parties établissent comme il suit les primes que l'Administration aura à percevoir des chargeurs qui voudront être assurés en vertu de la police sus-mentionnée du vingt neuf septembre mil huit cent cinquante-huit ;

En été, la prime est fixée de Marseille à Alicante, à vingt-cinq centimes pour cent francs, soit . . . . 25 cent. pour 100 fr.

En été, d'Alicante à Oran, à quinze centimes pour cent francs. 15 cent. pour 100 fr.

En hiver, elle est fixée de Marseille à Alicante à 45 centimes pour cent francs. . . . . 45 cent. pour 100 fr.

En hiver, d'Alicante à Oran, à vingt-cinq centimes pour cent francs . . . . 25 cent. pour 100 fr.

Le tout soit pour l'aller, soit pour le retour. Les primes qui avaient été fixées pour Oran ne subiront aucun changement.

(*Suivent les signatures.*)

PIÈCE COMPLÉMENTAIRE N° 6.

—

Police du 24 septembre 1859.

—

(*La police du 24 septembre 1859 a purement et simplement renouvelé, pour l'année 1859-1860 et un risque de 400,000 francs, les conditions précédemment établies.*)

———

(1) L'escale de Valence a été substituée ultérieurement à celle d'Alicante. V. pièce compl. n° 8. (*N. du R.*)

PIÈCE COMPLÉMENTAIRE N° 7.

—

Police du 28 septembre 1860.

—

(La police du 28 septembre 1860 a purement et simplement renouvelé, pour l'année 1860-1861 et un risque de 400,000 francs, les conditions précédemment établies.)

PIÈCE COMPLÉMENTAIRE N° 8.

—

dvenant du 24 novembre 1860

à la Police du 28 septembre 1860.

—

(Substitution de l'escale de Valence à celle d'Alicante, sur la ligne d'Oran.)

Advenant le vingt-quatre novembre mil huit cent soixante, par l'entremise de Nous, Maxime Estrangin, courtier, Monsieur le Directeur des Services Maritimes des Messageries Impériales déclare à ses Assureurs soussignés signataires de la police ci-dessus mentionnée que, dans le service de Marseille à Oran, l'échelle de Valence a été substituée à celle d'Alicante. En conséquence, il est convenu que le tarif de primes qui avait été fixé par advenant du trente-un décembre mil huit cent cinquante-huit (1), est applicable sans modifications à cette nouvelle échelle. Il est convenu qu'en vertu de l'article trois de la police du vingt-deux août mil huit cent cinquante-quatre, renouvelée le vingt-huit septembre dernier (2), les assurances qui ont été engagées jusqu'à ce jour pour Valence ou de Valence doivent être perçues sur le même tarif.

(Suivent les signatures.)

(1) V. pièce complémentaire n° 5. (*N. du Règl.*)
(2) V. pièce complémentaire n° 7. (*N. du Règl.*)

PIÈCE COMPLÉMENTAIRE N° 9.

—

Police du 22 septembre 1861.

—

(Renouvellement de la Police.)

A toutes les clauses, conditions et primes (sauf les changements convenus par divers advenants) établies dans la police souscrite le vingt-deux août mil huit cent cinquante-quatre, entre les Administrateurs de la Compagnie des Services Maritimes des Messageries Impériales et divers Assureurs, il est aujourd'hui convenu ce qui suit : — Par l'entremise de M° Maxime Estrangin, courtier d'assurances près la Bourse de Marseille, les Assureurs soussignés prennent chacun les risques qu'ils indiquent ci-après sur chacun des paquebots de la Compagnie des Services Maritimes des Messageries Impériales, sur les lignes d'Algérie, comprenant la côte d'Espagne, pendant un an, à partir du premier octobre prochain jusqu'au trente septembre mil huit cent soixante-deux. La dite assurance comprenant, de même qu'il a été convenu par advenants pour la police précédente, les risques entiers de chaque voyage commencé pendant le cours de l'année pour laquelle l'assurance est faite, en prenant pour base les numéros des voyages de l'Administration. Font également partie des conditions de la présente police toutes les stipulations convenues pour les fixations de primes par divers advenants signés par les Assureurs des polices auxquelles la présente fait suite. Il est convenu qu'il ne sera pas fait de la présente police des dépôts aux greffes des Tribunaux ou Chancelleries, ceux qui ont été faits de la police souscrite le vingt-deux août mil huit cent cinquante-quatre étant reconnus suffisants par les parties. Un exemplaire de la dite police sera paraphé par Messieurs Eugène Estrangin et Armand Dubernad, représentants des Assureurs, et par le Directeur à Marseille de la Compagnie des Services Maritimes des Messageries Impériales, et sera joint à la présente. D. L. C.

Marseille, le 22 septembre 1861.

(Suivent les signatures pour quatre cent mille francs.)

Police flottante d'Assurance sur Marchandises

pour les lignes de l'Océan Atlantique. (1)

(ANNEXE N° XXXVII DU RÈGLEMENT DU SERVICE A BORD ET ANNEXE N° XIV DU RÈGLEMENT DES AGENCES, SOUS-AGENCES ET BUREAUX DE CORRESPONDANCE).

Par la présente Police faite par l'entremise de M. O. GROSSARD, courtier d'Assurances près la Bourse de Bordeaux, il est convenu et arrêté, entre les Administrateurs de la Compagnie des Services Maritimes des Messageries Impériales, représentés à Bordeaux par l'Agent général de cette Compagnie et les Assureurs soussignés, ce qui suit :

ARTICLE PREMIER. — Chacun des Assureurs soussignés, autorise la Compagnie des Services Maritimes des Messageries Impériales à assurer pour son compte, chacun à prorata de la somme qu'il indique dans sa signature et sans solidarité entr'eux, les marchandises, espèces et valeurs quelconques que les chargeurs et que les passagers voudront faire assurer sur les bateaux à vapeur de la dite Compagnie des Services Maritimes des Messageries Impériales.

ART. 2. — La Compagnie des Services Maritimes des Messageries Impériales, ou pour elle ses Agents, engagera les Assureurs soussignés à l'égard des chargeurs par l'acceptation de la déclaration qui sera faite par ceux-ci sur les connaissements, lettre de voiture ou toute autre pièce constatant le chargement. D'après la déclaration des chargeurs, la somme pour laquelle la marchandise est assurée sera portée sur ces connaissements ou lettre de voiture, et la valeur énoncée sera la somme pour laquelle la marchandise est assurée. Cette valeur acceptée par les Assureurs est convenue de gré à gré entre les parties.

ART. 3. — Les Assureurs acceptent tous les risques à bord des bateaux des Messageries Impériales qui font ou feront le service de la ligne du Brésil, et de ses correspondances sur la Plata et sur Gorée, et même à bord de tous autres bateaux qui n'appartenant pas à la Compagnie seraient affectés à son service sur ces lignes.

En cas de débarquement au lieu de transbordement des marchandises ou valeurs destinées aux paquebots de correspondance, les risques à terre restent à la charge des Assureurs.

Les Assureurs demeurent également responsables des risques courus en vertu de la présente police, quand bien même l'itinéraire actuel des lignes desservies serait modifié ou bien encore dans le cas où les Paquebots accompliraient des voyages supplémentaires en dehors de ceux auxquels la Compagnie est obligée en conformité de ses contrats avec le

(1) V. la note placée à la fin des pièces complémentaires.

Gouvernement. De nouveaux accords règleraient, soit antérieurement, soit postérieurement au voyage accompli, les primes dues aux Assureurs, si l'itinéraire était changé.

ART. 4. — Les Assureurs autorisent toutes relâches, tout déroutement même rétrograde, et tout transbordement occasionnés par les besoins ordinaires ou extraordinaires du service du Brésil et de ses correspondances.

ART. 5. — Sur les manifestes dressés pour chaque voyage par la Compagnie ou ses Agents, il sera établi deux colonnes mentionnant l'une, les sommes assurées, l'autre les primes y relatives.

ART. 6. — Ces manifestes reçus par l'Agence générale à Bordeaux seront communiqués tous les mois aux Assureurs. Le compte des primes réglé entr'eux et l'Agence générale, leur sera payé sur leur quittance. La Compagnie se charge du recouvrement des primes dont elle est responsable envers les Assureurs.

ART. 7. — Les Assurances engagées par la Compagnie pour compte des Assureurs, le seront aux clauses générales suivantes.

Conditions générales.

ART. 8. — § 1er. Les Assureurs prennent à leurs risques toutes pertes et dommages provenant de tempête, naufrage, échouement, abordage fortuit, changement forcé de route, de voyage ou de vaisseau, jet, feu, pillage, piraterie, et généralement de tous accidents et fortunes de mer; enfin, et par convention expresse, les prévarications et fautes du Capitaine et de l'équipage connues sous le nom de baraterie de Patron.

§ 2. Les Assureurs sont exempts de tous risques de guerre, hostilités, représailles, arrêts par ordre de puissance, interdiction de commerce, blocus, capture, confiscations et molestations quelconques de Gouvernements amis ou ennemis, reconnus ou non reconnus, et généralement de tous risques de guerre. Ils sont également exempts de tous événements quelconques résultant de la violation de blocus, de contrebande ou de commerce prohibé ou clandestin, de la part de qui que ce soit, du vice propre de la chose assurée et de tous frais d'hivernage, de quarantaine et jours de planche; ces exceptions subsisteront lors même que les pertes et dommages proviendraient de baraterie.

§ 3. Les risques sur marchandises ou espèces courent du moment de leur embarquement, et finissent au moment de leur mise à terre au lieu de la destination. Les risques d'allèges et de gabares, tant à l'embarquement qu'au débarquement, sont à la charge des Assureurs. Il est permis au Capitaine d'alléger, transborder et recharger dans les fleuves et rivières, de même que pour l'entrée et la sortie des lazarets.

§ 4. Hors le cas de survenance de guerre pendant le voyage assuré, les délais établis par l'article 375 du Code de Commerce, pour le délaissement à défaut de nouvelles, sont réduits à six mois.

§ 5. Les Assureurs rembourseront intégralement les avaries grosses ou communes.

§ 6. Les Assureurs ne sont pas garants du coulage et de tous frais quelconques faits pour le prévenir ou le réparer sur les liquides, graisse, mélasses et suifs, non plus que de la mort des animaux, quelle qu'en soit la cause, et de la rupture des objets fragiles.

§ 7. En cas d'avaries particulières sur toutes marchandises, les Assureurs ne paient que l'excédant de deux pour cent. Cette franchise ne se prélève que sur les avaries matérielles et frais accessoires. Les avaries particulières qui ne se composent que de frais étrangers aux dommages matériels ou qui proviennent d'une contribution proportionnelle, sont réglées séparément et remboursées sous la retenue d'un pour cent de la somme assurée, et cela indépendamment des avaries particulières matérielles.

§ 8. Lorsque dans les cas qui donnent lieu au délaissement, l'assuré, profitant des dispositions de l'article 409 du Code de Commerce, exercera l'action d'avarie et dans les cas aussi de l'article 393 du même Code, les Assureurs jouiront de la franchise ou retenue partielle stipulée dans l'article ci-dessus.

§ 9. Si les marchandises sont assurées par séries, les séries ne seront jamais réglées autrement que par ordre de numéros ou de lettres, et il ne sera admis aucune série d'une valeur moindre de mille francs ; toute fraction de série sera jointe à la série précédente et en augmentera la valeur. Néanmoins toute assurance est faite divisément pour chaque espèce et qualité de marchandise, et pour chaque pour compte dûment justifié; chaque espèce de marchandises, chaque pour compte et chaque série formant toujours un capital distinct et séparé, comme s'il y avait autant de polices que de séries.

La quotité des avaries particulières sur marchandises est déterminée par la comparaison de la valeur au brut qu'aurait eue la marchandise en état sain au jour de l'estimation et de la vente, avec la valeur au brut de la partie avariée estimée par experts ou constatée par la vente aux enchères publiques, sans aucune déduction de droits, frets ou autres frais. L'assuré supportera le prorata à tous frais de constatation et d'expertise sur les séries dont l'avarie n'excèdera pas la franchise.

§ 10. Les sommes souscrites par chaque Assureur, sont la limite de ses engagements ; il ne peut jamais être tenu de payer au-delà de la somme assurée.

§ 11. Il est convenu que le Capitaine pourra être reçu ou non reçu ou remplacé par tout autre, et que la manière dont son nom est orthographié ne préjudicie pas à l'assurance.

§ 12. Les Assureurs et les Assurés chacun en ce qui le concerne, s'engagent à se conformer aux lois et règlements maritimes en vigueur, en ce qui n'y est pas dérogé par la présente police.

§ 13. La présente est faite et consentie pour être exécutée franchement et de bonne foi, les parties renonçant réciproquement à la présomption légale de la lieue et demie par heure. Les Assurés déclarent faire tout assurer, la prime, la prime des primes et l'escompte.

Art. 9. — Le règlement des avaries particulières sera fait divisément sur chaque colis dont la valeur sera de mille francs au moins, et sur les colis d'une moindre valeur par séries de mille francs au moins, en se conformant au paragraphe 9 de l'article 8 ci-dessus, sauf les colis isolés qui formeront nécessairement un seul capital, quelque minime que soit leur valeur.

Art. 10. — La Compagnie des Services Maritimes des Messageries Impériales fera payer aux chargeurs assurés pour en tenir compte aux Assureurs, les primes aux taux suivants, par chaque cent francs, savoir :

Sur Marchandises et sur Effets aux passagers

de Bordeaux à Lisbonne, cinquante centimes ;

de Bordeaux à Saint-Vincent, Pernambuco, Bahia et Rio-Janeiro, soixante-trois centimes ;

de Bordeaux à Montévidéo et Buenos-Ayres, quatre-vingt-huit centimes,

de Bordeaux à Gorée, soixante-quinze centimes,

de Lisbonne à Bordeaux et Saint-Vincent, cinquante centimes,

de Lisbonne à Pernambuco, Bahia et Rio-Janeiro, soixante-trois centimes,

de Lisbonne à Montévidéo et Buenos-Ayres, quatre-vingt-huit centimes,

de Lisbonne à Gorée, soixante-quinze centimes,

de Saint-Vincent à Bordeaux, soixante-trois centimes,

de Saint-Vincent à Lisbonne, cinquante centimes,

de Saint-Vincent à Pernambuco, Bahia et Rio-Janeiro, soixante-trois centimes,

de Saint-Vincent à Montévidéo et Buenos-Ayres, quatre-vingt-huit centimes,

de Saint-Vincent à Gorée, cinquante centimes,

de Pernambuco à Bordeaux, Lisbonne et Saint-Vincent, soixante-trois centimes,

de Pernambuco à Bahia et Rio-Janeiro, trente-huit centimes,

de Pernambuco à Montévidéo et Buenos-Ayres, cinquante centimes,

de Pernambuco à Gorée, soixante-quinze centimes,

de Bahia à Bordeaux, Lisbonne et Saint-Vincent, soixante-trois centimes,

de Bahia à Pernambuco et Rio-Janeiro, trente-huit centimes,

de Bahia à Montévidéo et Buenos-Ayres, cinquante centimes,

de Bahia à Gorée, soixante-quinze centimes,

de Rio-Janeiro à Bordeaux, Lisbonne et Saint-Vincent, soixante-trois centimes,

de Rio-Janeiro à Pernambuco et Bahia, trente-huit centimes,

de Rio-Janeiro à Montévidéo et Buenos-Ayres, cinquante centimes,

de Rio-Janeiro à Gorée, soixante-quinze centimes,

de Montévidéo à Bordeaux, Lisbonne et Saint-Vincent, quatre-vingt-huit centimes,

de Montévidéo à Pernambuco, Bahia et Rio-Janeiro, cinquante centimes,

de Montévidéo à Buenos-Ayres, trente-sept centimes,

de Montévidéo à Gorée, quatre-vingt-huit centimes,

de Buenos-Ayres à Bordeaux, Lisbonne et Saint-Vincent, quatre-vingt-huit centimes,

de Buenos-Ayres à Pernambuco, Bahia et Rio-Janeiro, cinquante centimes,

de Buenos-Ayres à Montévidéo, trente-sept centimes,

de Buenos-Ayres à Gorée, quatre-vingt-huit centimes,

de Gorée à Bordeaux et Lisbonne, soixante-quinze centimes,

de Gorée à Saint-Vincent, cinquante centimes,

de Gorée à Pernambuco, Bahia et Rio-Janeiro, soixante-quinze centimes,

de Gorée à Montévidéo et Buenos-Ayres, quatre-vingt-huit centimes ;

Sur Or, Argent et Pierres précieuses

de Bordeaux à Lisbonne, trente-huit centimes,

de Bordeaux à Saint-Vincent, Pernambuco, Bahia et Rio-Janeiro, quarante-cinq centimes,

POLICE DU
11 DÉCEMBRE 1860.
—

de Bordeaux à Montévidéo, Buenos-Ayres et Gorée, soixante-trois centimes,
de Lisbonne à Bordeaux et Saint-Vincent, trente-huit centimes,
de Lisbonne à Pernambuco, Bahia et Rio-Janeiro, quarante-cinq centimes,
de Lisbonne à Montévidéo, Buenos-Ayres et Gorée, soixante-trois centimes.
de Saint-Vincent à Bordeaux, quarante-cinq centimes,
de Saint-Vincent à Lisbonne, trente-huit centimes,
de Saint-Vincent à Pernambuco, Bahia et Rio-Janeiro, quarante-cinq centimes,
de Saint-Vincent à Montévidéo et Buenos-Ayres, soixante-trois centimes,
de Saint-Vincent à Gorée, trente-huit centimes,
de Pernambuco à Bordeaux, Lisbonne et Saint-Vincent, quarante-cinq centimes,
de Pernambuco à Bahia et Rio-Janeiro, vingt-cinq centimes,
de Pernambuco à Montévidéo et Buenos-Ayres, trente-huit centimes,
de Pernambuco à Gorée, soixante-trois centimes,
de Bahia à Bordeaux, Lisbonne et Saint-Vincent, quarante-cinq centimes,
de Bahia à Pernambuco et Rio-Janeiro, vingt-cinq centimes,
de Bahia à Montévidéo et Buenos-Ayres, trente-huit centimes,
de Bahia à Gorée, soixante-trois centimes,
de Rio-Janeiro à Bordeaux, Lisbonne et Saint-Vincent, quarante-cinq centimes,
de Rio-Janeiro à Pernambuco et Bahia, vingt-cinq centimes,
de Rio-Janeiro à Montévidéo et Buenos-Ayres, trente-huit centimes,
de Rio-Janeiro à Gorée, soixante-trois centimes,
de Montévidéo à Bordeaux, Lisbonne et Saint-Vincent, soixante-trois centimes,
de Montévidéo à Pernambuco, Bahia et Rio-Janeiro, trente-huit centimes,
de Montévidéo à Buenos-Ayres, vingt-cinq centimes,
de Montévidéo à Gorée, soixante-quinze centimes,
de Buenos-Ayres à Bordeaux, Lisbonne et Saint-Vincent, soixante-trois centimes,
de Buenos-Ayres à Pernambuco, Bahia et Rio-Janeiro, trente-huit centimes,
de Buenos-Ayres à Montévidéo, vingt-cinq centimes,
de Buenos-Ayres à Gorée, soixante-quinze centimes,
de Gorée à Bordeaux et Lisbonne, soixante-trois centimes,
de Gorée à Saint-Vincent, trente-huit centimes,
de Gorée à Pernambuco, Bahia et Rio-Janeiro, soixante-trois centimes,
de Gorée à Montévidéo et Buenos-Ayres, soixante-quinze centimes.

ART. 11. — Les Compagnies d'Assurances Maritimes et Assureurs soussignés indiquant par leur signature le maximum de la somme qu'ils autorisent la Compagnie à engager, sans aucune solidarité entr'eux, sur chaque navire et à chaque voyage, n'entendent dans aucun cas qu'il puisse se trouver en risque, sur le même navire une somme excédant celle indiquée dans leur signature.

La somme assurée par la présente police est fixée en maximum par chaque bateau à cinq cent mille francs.

ART. 12. — Dans le cas où, par erreur, les risques arrêtés par les Agents s'élèveraient à une somme plus forte, la Compagnie resterait assureur pour son compte de cet excédant. La prime y afférente serait acquise à la Compagnie des Messageries Impériales, qui en cas de sinistre entrerait en proportion de son découvert dans le paiement des indemnités dues aux chargeurs.

ART. 13. — Les sommes chargées et prises en risques seront réparties au marc le franc entre tous les Assureurs signataires de la présente convention, à prorata des sommes souscrites par chacun. Il est convenu que si la Compagnie des Messageries trouvait que la somme pour laquelle les Assureurs soussignés sont engagés est insuffisante pour couvrir d'habitude les assurances demandées par les chargeurs, cette Compagnie aurait le droit, en souscrivant avec de nouveaux Assureurs une convention pareille à la présente, d'y insérer une clause par laquelle la nouvelle convention entrerait, quelle que fût sa date, en concurrence avec la présente pour la répartition des risques entre tous les Assureurs signataires des diverses polices. La Compagnie devra faire connaître cette augmentation d'assurance aux Assureurs soussignés, et dans le cas où il serait accordé aux nouveaux Assureurs des conditions plus avantageuses ou des primes plus élevées que celles stipulées dans la présente police, il serait accordé aux Assureurs soussignés les mêmes avantages.

ART. 14. — La Compagnie s'engage à faire payer par ses Agents et pour compte des Assureurs dans les lieux de destination autres que Bordeaux, toutes les avaries qui n'excéderont pas trois pour cent en sus de la franchise. Les Assureurs soussignés autorisent les dits Agents à faire tous règlements à ce sujet avec les chargeurs, et ils s'engagent à rembourser sans discussion à la Compagnie à la fin de chaque mois, les avaries payées par ses Agents.

Quant aux avaries excédant le taux ci-dessus, les Agents de la Compagnie sont autorisés seulement à les constater sans aucune formalité judiciaire, et le règlement en sera fait à Bordeaux entre les Assurés, ou la Compagnie des Messageries pour eux, et les Assureurs, pour le paiement être fait un mois après la production des pièces.

Les sinistres majeurs ou pertes d'objets assurés seront payés de la même manière, sous l'escompte de trois pour cent, le montant de ces sinistres, pertes et avaries, sera établi par un règlement fait avec les Assureurs.

ART. 15. — Les opérations confiées aux Agents par les deux articles qui précèdent, ne pourront, dans aucun cas, engager la responsabilité de la Compagnie.

ART. 16. — La Compagnie des Messageries Impériales n'entendant accepter dans la présente police ni le rôle d'assuré ni celui d'assureur, n'assume sur elle ni plus ni moins de responsabilité que si les Assurances qui seront engagées en vertu de la présente police eussent été faites entre les Chargeurs assurés et les Assureurs par un contrat auquel elle fût étrangère et qui conserverait aux Assureurs tous les droits des chargeurs lorsqu'ils y seraient substitués.

ART. 17. — La prime de toute assurance mentionnée sur le Connaissement et sur les états d'Administration, sera acquise dans tous les cas aux Assureurs lorsque le chargement de la marchandise aura été effectué.

ART. 18. — Sur toutes les primes que la Compagnie des Services Maritimes des Messageries Impériales encaissera pour le compte des Assureurs, elle retiendra un escompte de cinq pour cent en indemnité des frais, imprimés, ports de lettres et autres, auxquels la soumettra l'exécution de la présente police.

Art. 19. — La durée de la présente police est fixée à un an : pour commencer le vingt janvier mil huit cent soixante-un et finir le dix-neuf janvier mil huit cent soixante-deux.

Art. 20. — Une copie certifiée de la présente police sera déposée au greffe du Tribunal de Commerce de Bordeaux, au greffe du Tribunal civil de Gorée et à la Chancellerie des Consulats de France à Lisbonne, Pernambuco, Bahia, Rio-Janeiro, Montévidéo et Buenos-Ayres.

Bordeaux, le onze décembre mil huit cent soixante : après-midi.

(Suivent les signatures.)

La présente police est close et arrêtée à la somme de cinq cent mille francs par chaque paquebot, et enregistrée au n° 1,903, Registre A, f° 108, par moi soussigné, courtier d'assurances près la Bourse de Bordeaux.

Signé : O. GROSSARD.

PIÈCES COMPLÉMENTAIRES.

(Advenants qui ont modifié la Police flottante d'Assurance sur Marchandises des lignes de l'Océan Atlantique.)

PIÈCE COMPLÉMENTAIRE N° 1.

Advenant du 21 mai 1861 (1)
à la Police du 11 décembre 1860.

(Augmentation des risques.)

A la police dont une copie est ci-annexée et aux mêmes clauses, conditions et primes, les soussignés assurent la somme de cinq cent mille francs par chaque paquebot, chacun d'eux pour la somme par lui déclarée.

Par suite de cette augmentation, la somme assurée est fixée à un million de francs par chaque bateau.

En conformité des stipulations de l'article treize de la police, la répartition des risques couverts à partir de ce jour, sera faite au prorata entre tous les Assureurs, tant de la police que du présent advenant, et sans avoir égard à la différence des dates.

Bordeaux, le vingt-un mai 1861, après-midi.

(Suivent les signatures.)

Le présent advenant d'augmentation est clos et arrêté à la somme de cinq cent mille francs, par chaque paquebot, par moi soussigné, courtier d'assurances près la Bourse de Bordeaux.

Signé : O. GROSSARD.

(1) N° 180. f° 10, R° B.

PIÈCE COMPLÉMENTAIRE N° 2.

—

Advenant du 25 mai 1861 (1)

à la Police du 11 décembre 1860.

(Point de départ de l'Advenant du 21 Mai 1861.)

———

L'advenant en date du vingt-un mai courant, qui augmente la somme assurée par la sus-dite police, devant être soumis à l'acceptation du Conseil d'Administration de la Compagnie des Services Maritimes des Messageries Impériales, l'époque à laquelle les Assureurs qui l'ont souscrit participeront aux risques engagés sera ultérieurement fixée.

Bordeaux, le 25 mai 1861.

(Suivent les signatures.)

———

PIÈCE COMPLÉMENTAIRE N° 3.

—

Advenant du 11 juin 1861 (2)

à la Police du 11 décembre 1860.

—

(Point de départ de l'Advenant du 21 Mai 1861.)

———

L'advenant d'augmentation de cinq cent mille francs par chaque paquebot, souscrit le vingt-un mai dernier, ayant été accepté par le Conseil d'Administration de la Compagnie des Services Maritimes des Messageries Impériales, il est et demeure convenu et arrêté, qu'aux termes de l'article treize de la police, les sommes chargées et prises en risques sur le paquebot la *Navarre*, qui doit partir de Bordeaux le vingt-quatre ou le vingt-cinq juin courant, celles chargées et prises en risques tant à Montévidéo et Buenos-Ayres qu'à Gorée, pour être transbordées sur le dit paquebot la *Navarre*, et celles qui le seront sur les paquebots devant suivre, seront réparties au marc le franc entre tous les Assureurs signataires de la police et de l'advenant d'augmentation.

(1) N° 134, f° 7, R° B.

(2) N° 218 f° 12, R° B.

ADVENANT
DU 11 JUIN 1861.
—

La Compagnie des Services Maritimes des Messageries Impériales conserve toujours le droit qu'elle s'est réservée par l'article treize de la police.

Bordeaux, le 11 juin 1861.

(Suivent les signatures.)

PIÈCE COMPLÉMENTAIRE N° 4.

—

Advenant du 11 juin 1861 (1)

à la Police du 11 décembre 1860.

(Notification de l'Advenant du 21 Mai 1861 aux Assureurs souscripteurs de la Police du 11 décembre 1860.)

Les soussignés demeurent prévenus que la Compagnie des Services Maritimes des Messageries Impériales, usant du droit qu'elle s'était réservé par l'article treize de la susdite police, a fait assurer à Bordeaux par advenant du vingt-un mai dernier, une somme de cinq cent mille francs sur chaque paquebot, ce qui porte la somme assurée sur chaque paquebot à un million de francs.

En conséquence, les sommes chargées et prises en risques sur le paquebot la *Navarre*, qui doit partir de Bordeaux le vingt-quatre ou le vingt-cinq juin courant, celles chargées et prises en risques tant à Buenos-Ayres et Montévidéo qu'à Gorée, pour être transbordées sur le dit paquebot la *Navarre*, et celles qui le seront sur les paquebots devant suivre, seront réparties au marc le franc entre tous les Assureurs signataires de la police et de l'advenant d'augmentation.

La Compagnie des Services Maritimes des Messageries Impériales conserve toujours le droit qu'elle s'est réservée par l'article treize de la police.

Bordeaux, le 11 juin 1861.

(Suivent les signatures.)

(1) N° 219, f° 12, R° B.

Note. — Après l'impression des Annexes du Règlement, la Police flottante signée le 11 décembre 1860 à Bordeaux pour l'assurance des marchandises a été renouvelée. La nouvelle police signée le 11 décembre 1861 est, sauf les changements indiqués ci-après, conforme au texte primitif modifié par l'Advenant du 21 mai 1861.

Changements au texte primitif de la police :

A l'art. 3 la disposition suivante a été insérée après le 2ᵐᵉ alinéa :

« Les assureurs prennent à leur charge les risques de transport par chemin de fer et bateaux à
« vapeur de Bordeaux à Londres par le Pas-de-Calais, sur les marchandises et valeurs quelconques

« qui, arrivant à Bordeaux, seraient destinées pour l'Angleterre. Dans ce cas, les primes ci-après
« stipulées seront augmentées de cinq centimes pour cent francs. »

A l'art. 11, le 2ᵐᵉ alinéa, conformément à l'Advenant du 21 mai 1861, est ainsi rédigé :

« La somme assurée par la présente police est fixée en maximum par chaque bateau à un million
« de francs. »

L'art. 19 est rédigé comme suit :

« La durée de la présente police est fixée à trois ans pour commencer le vingt janvier mil huit
« cent soixante-deux et finir le 19 janvier mil huit cent soixante-cinq. Toutefois sa durée peut être
« réduite à deux ans, si l'une des parties fait connaître son intention à cet égard, six mois au moins
« avant l'expiration de la deuxième année. »

La disposition finale est ainsi conçue :

« Enregistrée au n° 1270, F° 73, Registre B la présente police, close et arrêtée à la somme de un
« million de francs par chaque navire, par moi soussigné, courtier d'assurances près la Bourse de
« Bordeaux.

« Bordeaux, le 11 décembre 1861.

« *Signé :* O. GROSSARD. »

TABLE MÉTHODIQUE DES MATIÈRES.

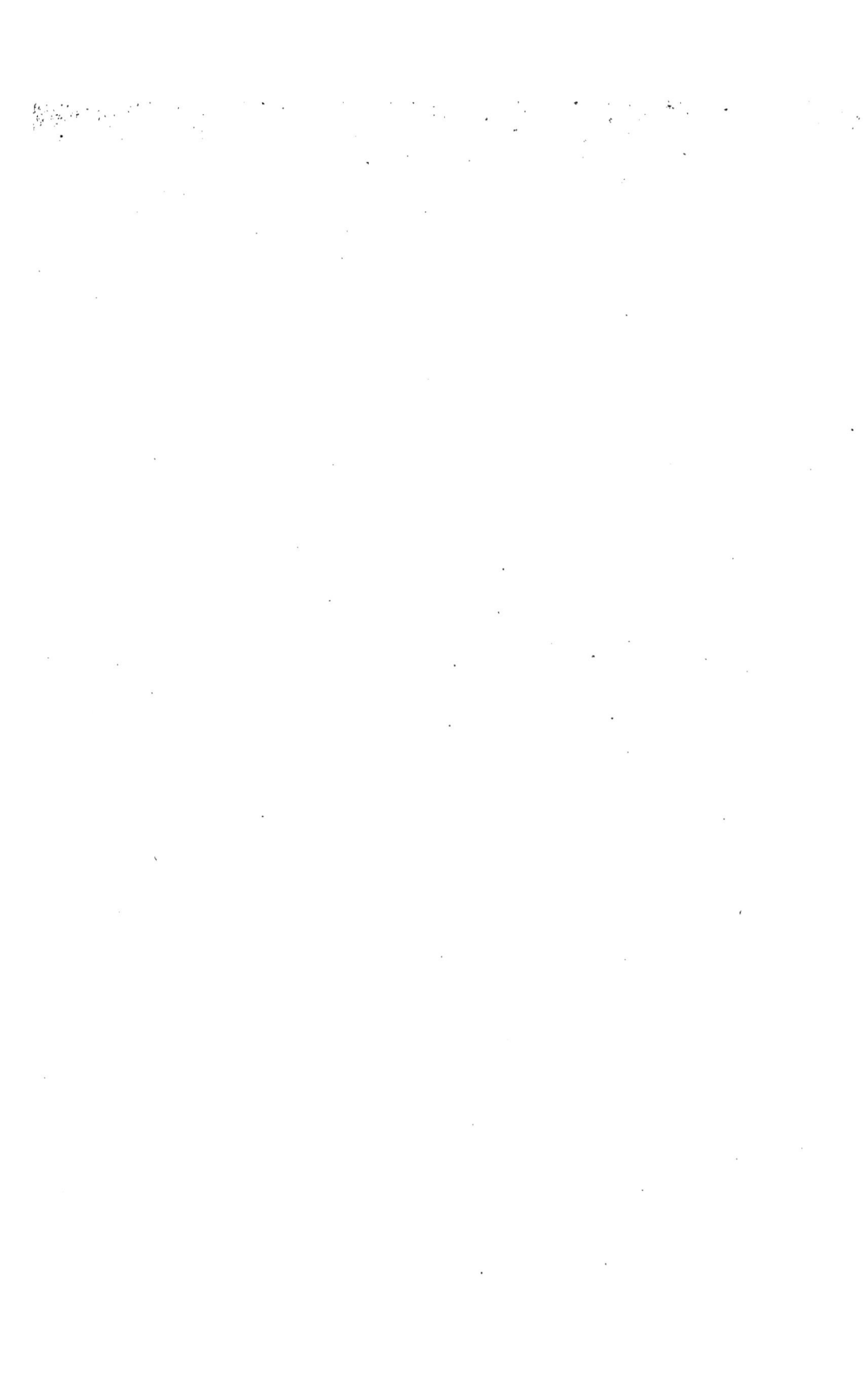

TABLE MÉTHODIQUE DES MATIÈRES.

www.ingramcontent.com/pod-product-compliance
Lightning Source LLC
Chambersburg PA
CBHW070824210326
41520CB00011B/2108